# 校对实务

（第2版）

主　编　程德和
副主编　谈大勇　刘　敏

重庆大学出版社

## 内容提要

本教材内容分为校对的理论和实践两部分,共 9 章,分别为:现代校对在出版工作中的地位及作用,现代校对的主体,现代校对的客体,现代校对的功能及其实现,现代校对工作的程序及基本制度,现代校对的方法,现代校对的技术,常见书稿的校对,现代校对的实践。理论部分主要介绍从事校对工作应知应会的知识点,实践部分训练从事校对工作的必备技能。此教材既适用于学习校对的高职学生的课堂教学,又适用于出版企业对校对人员的岗前培训。

**图书在版编目(CIP)数据**

校对实务 / 程德和主编. -- 2 版. -- 重庆 : 重庆
大学出版社,2023.8
ISBN 978-7-5624-6313-9

Ⅰ. ①校… Ⅱ. ①程… Ⅲ. ①校对—教材 Ⅳ.
①G232.2

中国国家版本馆 CIP 数据核字(2023)第 130220 号

## 校对实务
### (第 2 版)

主 编 程德和
副主编 谈大勇 刘 敏
策划编辑:尚东亮
责任编辑:陈亚莉 版式设计:尚东亮
责任校对:刘志刚 责任印制:张 策

\*

重庆大学出版社出版发行
出版人:陈晓阳
社址:重庆市沙坪坝区大学城西路 21 号
邮编:401331
电话:(023) 88617190 88617185(中小学)
传真:(023) 88617186 88617166
网址:http://www.cqup.com.cn
邮箱:fxk@ cqup.com.cn(营销中心)
全国新华书店经销
重庆亘鑫印务有限公司印刷

\*

开本:720mm×960mm 1/16 印张:12 字数:230 千
2011 年 9 月第 1 版 2023 年 8 月第 2 版 2023 年 8 月第 5 次印刷
ISBN 978-7-5624-6313-9 定价:35.00 元

# 【第 2 版前言】

本教材的编写提纲是在 2010 年 11 月举行的全国高职高专印刷与包装专业教学指导委员会上通过审定的。作为高职高专出版与发行专业系列教材中的一本,本教材在借鉴已出版的校对专业图书的基础上,结合高职教育和高职高专学生的特点,按照校对工作流程组织内容,突出对学生能力的培养,做到了理论与实践紧密结合,自 2011 年 9 月第 1 版发行以来,在全国高职高专新闻出版类专业中广泛使用。

2022 年 7 月,结合专家和读者的反馈意见,我们对教材进行了修订,改正了其中的差错,采用了新修订的《出版物上数字用法》(GB/T 15835—2011)等国家标准,借鉴了出版专业技术人员职业资格考试和韬奋杯全国出版社青年编校大赛试题,同时对数字出版时代校对工作的新变化作了探讨。

教材的内容有:现代校对在出版工作中的地位及作用,现代校对的主体,现代校对的客体,现代校对的功能及其实现,现代校对工作的程序及基本制度,现代校对的方法,现代校对的技术,常见书稿的校对,现代校对的实践。教材既适用于学习校对的高职学生的课堂教学,又适用于出版企业对校对人员的岗前培训。

本书主编程德和曾任黄山书社社长、安徽新闻出版学校校长、安徽新闻出版职业技术学院党委书记。参加本书编写、修订的单位有安徽新闻出版职业技术学院、江西传媒职业学院。分工如下:王萍、张梅英老师编写、修订了第 1 章和第 5 章,王秀波、许朝晖老师编写、修订了第 2 章和第 4 章,刘敏、殷三老师编写、修订了第 3 章,皮亚雷老师编写、修订了第 6 章,郝景江老师编写、修订了第 7 章;谈大勇老师编写、修订了第 8 章和第 9 章并承担了全书的统稿工作。

该书在编写、修订过程中,得到了安徽新闻出版职业技术学院领导的高度重视,得到了重庆大学出版社的大力支持,在此一并致谢。由于时间有限,所引用的文献未能一一列举,特向那些在校对专业研究方面孜孜以求的学者们致敬。感谢广大读者提出的意见和建议,由于编者水平有限,书中不足之处恳请读者继续批评指正。

编　者
2022 年 9 月

## 参考文献

# 现代校对在出版工作中的地位及作用

### 知识目标

1.了解古代校雠到现代校对的演变历程。

2.理解古代校雠的优良传统。

3.理解现代校对在出版工作中的地位及作用。

4.了解校对与编辑加工的区别。

### 能力目标

1.能够厘清古代校雠的发展脉络。

2.能够继承和发扬古代校雠的优良传统。

3.能够树立从事校对工作的责任感、使命感。

# 任务 1　现代校对与古代校雠

　　现代出版中的"校对"一词,是由古代"校雠"一词演变而来的。"校雠"是复合式合成词,"校",形声字,其本义是"木囚",如枷、桎。"雠"本义是鸟类对鸣。古代学者借它们所包含的"对合"之义,表示"比勘""订正"。于是有了"校对"这一概念。

## 1.1.1　现代校对起源于古代校雠

　　现代校对起源于古代校雠。随着出版生产力的不断发展,古代校雠到现代校对经历了 2 800 多年的演变历史,经历了五个发展时期:发轫于孔子,建立于西汉,魏晋渐趋衰落,唐宋复兴,至清进入鼎盛期。

　　关于"校",最早见于《国语·鲁语下》,其上有如下记载:"昔正考父校商之名颂十二篇于周太师。"唐代学者孔颖达经过考证,认为历史上确有其事。他说:"言校者,宋之礼乐,虽则亡散,犹有此诗之本,考父恐其舛谬,故就太师校之也。"上古时代的诗分为三大类:风、雅、颂。风,是民歌民谣;雅,是政论诗;颂,是祭祀时配曲的歌辞。"商之名颂"是商代著名的配曲祭祀歌辞。正考父其人,是西周宋国的大夫。公元前 11 世纪,周公平定武庚反叛后,把商的旧都周围地区封给纣的庶兄微子启,微子启在那里建立了宋国。因为是商的后裔的封国,所以保存了商代的"颂",正考父搜集到十二篇"商之名颂",怕有差错,便请精通音律的周太师帮助校正。这是我国历史文献记载中最早的校书活动,从这一校事中可以看到"校是非"、今天"专家外校"的萌芽。从此,对古籍进行的比勘、订正活动,就称作"校"。之后,正考父的七世孙孔子,曾删《诗》《书》,定《礼》《乐》,赞《易》,修《春秋》,对被后世所尊为的"六经"做了大量的整理和编校工作。这是我国校雠史上以严肃性见长的"死校法"的最早记载。孔子则成为中国历史上最著名的校书人。

　　到了西汉成帝时代,"校"这个词被"校雠"取代。提出"校雠"这个概念的是西汉著名学者刘向。西周之后,经历了 500 多年的战乱,春秋之前的古籍历经浩劫。秦始皇统一六国后,又推行了焚书坑儒、燔灭文章、以愚黔首的错误政策,焚毁大量典籍藏书。秦末,楚霸王项羽又在攻陷咸阳后,将秦皇宫连同其宫廷藏书全部烧毁。汉朝建立后,为了抢救中华文化,统治者花了一百多年时间,搜集了大量古籍,然而这些古籍大多残缺不全,错乱相糅,急需整理。汉成帝河平三年(公元前26年)八月,朝廷开始组织大规模的校书活动,由大夫刘向全面主持校书活动。在当时的条件下,只用"校"的"比勘文字"的意义远远不够,故而刘向提出"校雠"一词表示校书的新功能和新方法。

刘向说:"一人读书,校其上下,得缪(通谬)误,为校。一人持本,一人读书,若怨家相对,故曰雠也。"他最早提出了"校"与"雠"两种校对功能和两种校对方法。校的主体是一个人,客体是一本书,校对主体采用通读的方法,通过书中的内在矛盾,发现并改正谬误。雠的主体是两个人或多个人,客体是一种书的两种或多种抄本(通称版本),校对主体将不同版本对读比照,发现诸本的差异,然后对"差异"进行考辨,"择善而从之",目的在于改正传抄的讹误,恢复原著的真貌。刘向赋予"校""校其上下,得缪误"的新含义,并用"雠"取代了"校"的"比勘"之义,创造了"校雠"这个新词来表示新的校书功能,将"死校法"和"活校法"结合起来。

刘向在校书的基础上写成了《别录》。刘向死后,其子刘歆继续领校群书,并在校书的基础上写成了《七略》。刘向父子等人经过几十年的精心校雠,为后代留下了大批古籍善本,为中华文化的传承作出了巨大贡献,他们在校雠理论上的卓越建树,更为后世学者所推崇。

东汉蔡伦发明了造纸术。随着出版活动的发展,在长期的校雠实践中,"校雠"的内涵不断扩大。到南北朝时,学者们将"校雠"分为"广义校雠"与"狭义校雠",用"校勘"(又称"校刊")这个词来表示"狭义校雠",专指文字比勘订正。这门学问从此成为"校雠学"的分支——"校勘学"。而"广义校雠"涵盖了比勘、版本、目录、典藏,即所谓治书之学。

隋唐时期发明了雕版印刷术,使书籍批量复制成为可能,图书的出版生产发生了重大革命。古籍经校勘而成定本之后,先用毛笔誊写在纸上,称为"写样",然后将写样反贴在木板上雕刻。由于写样时可能出现错漏,在刻版之前必须比照定本核对写样,改正差错之后再行刻版。这样,古籍出版过程就存在两次校勘:第一次在写样之前,其任务是完成定本;第二次在写样之后,其任务是改正誊写错误。对于第二次校勘,后来称作"校对",已具有现代校对的雏形。在宋代,雕版印刷已普遍应用于印刷图书,并出现了以图书交易为目的的官刻、私刻和坊刻。加之活字排版的诞生,出版生产力有了飞跃性的发展。随着排版和校雠质量的发展,校对成为图书出版生产工艺的重要工序,官方甚至明确规定了校对规矩。宋版书上署有校对者的姓名,说明那时开始出现编校分工。当时校雠家名人辈出,经宋人校勘、句读、注释等整理后的书籍一般书名中都镶嵌有"考""考异""纠谬""辩证""勘误"

等字样。如郑樵与《校雠略》、吴缜与《新唐书纠谬》、朱熹与《韩文考异》等。

古代校雠至清代进入鼎盛时期。清代校对大家及校书理论著作盛多,最著名的有段玉裁与《与诸同志论校书之难》,王念孙与《读书杂志》,章学诚与《校雠通义》,阮元与《十三经注疏校勘记》等。其中段玉裁提出校"本子之是非"和校"作者之是非",概括了校雠的两大功能,即"校异同"和"校是非"。

到了近代,由于引进铅活字排版和机器印刷技术,出版生产力产生了革命性的变化,出现了我国最早的出版企业,图书空前商品化,校对者的地位开始得到提升。编纂(包括校勘)和校对彻底分离,成为出版生产流程的两道工序,校对从而成为独立的专业。其标志事件是商务印书馆创立后不久,专门设置了与编辑机构并列的校对机构,并配备了专职校对人员。

回顾校雠的演变历史,就会发现现代校对和古代校雠是一脉相承的,它们的性质、功能、作用、基本规律和基本方法都是相通的,现代校对起源于古代校对。从古代校对到近代校对,进而发展成为现代校对是出版生产力不断发展的必然结果。

## 1.1.2　现代校对的演变与发展

现代校对虽然是从古代校雠发展而来,但与之有很大区别。古代的校雠实际上是编校合一。现代的校对则与编辑工作分工,在编辑工作完成之后进行。校对已成为现代出版生产流程中的独立工序,是保证图书出版质量的重要环节。

现代校对由传统校对发展而来。所谓传统校对,是指铅活字排版时代的校对。现代校对则是电子排版时代的校对。这两个时代的历史分界,是 20 世纪 90 年代,分界的标志就是出版生产电子化。

传统校对始于 19 世纪末期的近代校对。由于引进铅活字排版和机器印刷技术,我国出现了近代出版企业,校对工作逐渐从编辑工作中分离出来,成为图书出版生产的独立工序和专业。

新中国成立后,尤其是改革开放以来,我国出版事业发展迅猛,出版生产技术不断进步。但是,排版仍然是"铅活字排版"。为与"铅活字排版"相适应,校对工作的基本功能和基本方法,也沿袭了百年之久。所以,我们将"铅活字排版时代"的校对工作称作"传统校对"。

在铅活字排版时代,作者交给出版社的是手写纸质书稿,编辑在书稿上加工定稿后,交印刷厂拣字排版,打出样张退回出版社,校对员将样张(通称"校样")同编辑发排书稿(通称"原稿")逐字逐句对照,依据原稿改正校样上的差错(即拣字排版错漏),再退回印刷厂改版,如此反复三次(称作"三校"),直至校样同原稿完全一致,才打型浇版上机印刷。传统校对有两个对象:原稿和校样。基本任务是:保证排版与原稿完全相符,一无讹错,二无衍漏。与此基本任务相适应,校对的主要功能是"校异同",主要方法是"对校"(折校、点校、读校),基本理念是"对原稿负责"。

1987年,《经济日报》首先采用国产激光照排技术即方正排版系统,从而使我国的印刷行业告别了"铅与火",迎来了"光与电",也迎来了出版行业的春天。20世纪90年代,计算机(以下简称"电脑")技术进军出版领域,电脑排版制片逐渐取代铅活字排版和打型浇版。与此同时,电脑写作逐渐成为作者的创作方式,磁盘取代纸张成为书稿的载体。排版制片电子化,书稿介质磁盘化,改变了出版生产的程序:编辑在电脑上打开磁盘,通过打印机打出样稿,然后在样稿上加工修改,定稿后将磁盘和加工样稿一并送到排版车间。排版人员无须拣字排版,只需在电脑上打开磁盘,先依据编辑在样稿上的加工,修改磁盘书稿,再依据版式设计要求,进行版式转换。版式转换后打印的样张,就是"校样"。这个校样,除编辑修改的那部分文字外,跟磁盘书稿并无二致,传统意义的"原稿"不复存在了,它与校样"合二而一"了。排版方式和书稿介质的这种变化,对校对工作提出了挑战。

仅仅过了两年时间,磁盘书稿在出版界迅速普及。2000年9月,中国出版工作者协会召开了"磁盘书稿校对及计算机应用"专题研讨会。又过了一年,2001年9月,中国出版工作者协会又召开了以"校对创新"为主题的"第四届全国校对理论研讨会"。两次研讨会总结了20世纪90年代以来校对创新的实践经验,统一了对现代校对发展趋势的认识:书稿电子化后,校对的功能,没有削弱反而有所提升。传统校对的两个客体"合一"了,也将两个客体的差错"合一"到校样上了,两种差错都以是非形式隐藏在校样的字里行间,必须通过是非判断才能捕捉到这些差错,因而"校异同"的功能削弱了,但是校对的另一功能"校是非"提升了,校对对编辑工作的补充和完善的作用凸显了,这成为现代校对的基本特征。尤其是20世纪90年代,计算机校对软件特别是黑马校对软件的出现,把校对人员从繁重的劳动中解放出来,并且大大提高了校对的质量,绝对的硬伤错别字已大大减少,但语法错误、知识性错误明显突出,例如有些作者在写某些历史人物的生卒年时,没有细心考察,而编辑又没有认真核查,以致生卒年或朝代出错,这就更要求校对人员要有广博的知识,否则就不能发现作者创作中存在的错误和编辑加工可能的疏漏。因此,"校是非"是确保图书质量的重要保障,也是对校对工作的更高要求。

2004年10月12日,中国出版工作者协会发布行业规范《图书校对工作基本规程》,在分析了现代校对功能的转变之后指出:"现代校对工作不能只'对原稿负责',而应成为'编辑工作的必要延续',负起协助编辑'把一切差错消灭在图书出版之前'的责任,即在消灭录排差错的基础上'校是非',发现并改正原稿可能存在的错漏,从而发挥'对编辑工作的补充和完善'的作用,校对工作者必须与时俱进,树立'对读者负责,对社会负责'的现代校对理念。"校对功能的提升,带来校对方法的创新和校对理念的改变,标志着传统校对向现代校对的转变。

现代校对作为出版生产流程的独立工序,已建立了一整套校对质量保障体系,是历史的进步,也是出版生产力不断发展的必然结果。

### 1.1.3　古代校雠的优良传统

我国古代校雠事业源远流长,博大精深,在中华文明的积累和传播中起了积极作用。两千年来,历代无数校雠家为了传承礼仪文化,殚精竭虑,精益求精,不仅为我们留下了丰富的文化典籍,更是形成了自己独特优良的校对传统。这些传统在现代校对中发扬发展,是我们民族宝贵的精神遗产。

古代校雠的优良传统,内容十分丰富,从校对方法到校对作风,从校对心境到校对功能,林林总总,难以尽述。下面将从三个方面概述古代校雠的优良传统。

#### 1)"为人甚忠"与"于己甚劳"

清代末年的学者朱一新精于校雠,在其所著的《无邪堂答问》一书中对古代校雠有所论述,他在历数自两汉刘向父子到清代王念孙父子等校雠学者的功过得失后说:"大抵为此学者,于己甚劳,而为人则甚忠。竭毕生之精力,皆以供后人之提携,为惠大矣。"这里的"甚劳",可以理解为操此业不辞辛劳;"甚忠"的含义即清代学者叶德辉所说的"有功古人,津逮后学",可以理解为既忠于古人和作者,又忠于来者和读者。这两点概括起来,就是任劳任怨,忠于职守,既对作者负责,又对读者负责。

清代校雠家顾广圻在《礼记考异·跋》中写道:"校书之弊有二……二者殊途,至于诬古人,惑来者,同归而已矣。"这里明确指出:校书的弊害是殊途同归的,即是诬枉作者,惑乱读者。清代校雠家段玉裁更是在总结历代校雠实践经验时,将校雠的基本任务界定为:正底本、断是非。他在其所著《与诸同志论校书之难》中谈到:"不先正底本,则多诬古人;而不断是非,则误今人。"有人称赞清代校雠家卢文弨:"他人读书,受书之益;子读书,则书受子之益。"由此可见,古代校雠家们历来将对作者负责与对读者负责作为校雠的出发点和落脚点,并将两者结合起来。

正因为历代校雠家们都胸怀对作者和读者的忠诚与慎重,他们才能够任劳任怨,以苦为乐。刘向校书,"其始则合众本以校一书,次则撮指意而为叙录,终则寻源流而别部居"。宋代学者岳珂校《九经》《三传》,"广征副本,精审字画,详订音释,定句读,一字一音一义,无不参订同异,厘舛辨疑,使读者有所依据"。清代学者鲍廷博校刻《知不足斋丛书》也是古代学者精校古籍之范例。他"一编在手,废寝忘食,丹铅无已时。一字之疑,一行之缺,必博征以证之,广询以求之"。正是历代校雠家秉着"为人甚忠"的态度和"于己甚劳"的精神艰苦校雠,才使中华民族几千年的文明得以传承和延续,才使后代读者能够从古代典籍中吸取文化营养。

"于己甚劳,而为人则甚忠",正是现代校对要继承和发扬的我国古代校雠的一大优良传统。

### 2）严肃"校异同"与认真"校是非"

"校异同"与"校是非"是校雠的两大功能。随着历史的变迁和出版事业的不断发展,从古代的校雠到校勘,再到现代的校对,其注重的内容及工作方法已发生了很大改变,但古代校勘与现代校对的基本职能是一脉相承的。

汉代刘向对"校雠"的定义已经形象地表述了校对的两大基本功能:"校其上下,得谬误"——发现原著存在的谬误,即校是非;"一人持本,一人读书,若怨家相对"——发现不同版本之异同,即校异同。

为了"校异同",古代校雠家在校勘之前需"备众本",通过对众本的源流勘察和比较分析,选出其中较好的一本定为"底本",其他的则作为比照之用的"校本";在校勘中须"辨异同""订脱误""删复重""增佚文";校定后还要撰写"校勘记",以交代校勘过程中发现的问题及处理意见。段玉裁所谓的"定底本",即是通过这一系列校勘过程来改正传抄、传刻错讹,以恢复原著本来的面目。

古代文献由于多由口传手抄,存在大量的讹误。历史上就曾流传:"书三写,鱼成鲁,虚成虎"的笑话。如果没有"校异同",许多文章后人根本读不懂。以刘向为例,他校书20余年,每校一书必备众本,以为比勘。正如清代学者章学诚所言,刘向"博求诸书,乃得雠正一书"。在"辨异同"方面,刘向更是精益求精,例如他校《易经》,发现有的本子有"无咎""悔亡",有的本子则无,这是辨字句的异同。此外,篇章、学术等异同处均在其审视之下。现代的"校异同",就是比照原稿核对校样,原则上是按原稿改正校样错误,无须进行对与错的甄别。在当下,"校异同"是校对人员的基本功,大多数的稿件都是通过"校异同"得以消灭排字上的错误的。

校是非不同于校异同,它的功能是发现"本子"之是非,这与"异同"无关,因为几个本子都相同却可能都是错误的。就是说,要分析字义、词义、文意,从而作出是非判断。所以段玉裁认为:"校书之难,在于定其是非。"对于校是非,古代校雠家倡导勇于质疑,勇于纠谬,不迷信。例如宋代校雠家吴缜校《新唐书》,发现"书事失实""自相违舛""纪志表传不相符合""先后失序""载述有误""义例不明"等20类谬误。然而,在校是非的过程中,古代校雠家又十分谨慎,强调"慎改",要求反复考证,辨析义理,务求改所当改,改必有据。段玉裁曾强调:"古书之坏于不校者固多,坏于校者尤多。坏于不校者,以校治之;坏于校者,久且不可治。"

古代校雠发展史上曾多次提出过"校是非"的原则。例如,《四库全书总目》卷一八六《文苑英华辨证》提要指出"承讹当改、别有依据不可妄改、义可两存不必遽改"三条原则;清代著名学者戴震曾提出"识字为本,博搜证佐,空所依傍"的原则;清代另一校雠大家顾广圻则提出"不校校之"(顾广圻解释说:"毋改易其本来,不校之谓也;能明其是非得失之所以然,校之谓也。")的原则。这些原则至今仍是现代校对工作"校是非"应当遵循的原则。

### 3)学与校结合

由于古代的校勘工作重视考据,校勘者如果不明白旧时的典章制度,不了解过去的社会习俗,不懂得古代的文法修辞,要想判断前人文句的是非是不可能的。如:《管子·霸言》中有:"故贵为天子,富有天下而伐不谓贪者,其大计存也。"清代学者俞樾在《古书疑义举例》中指出:"'伐'为'代'字之误,《管子》原文作'世不谓贪'言一世之人不以为贪也,唐人避讳,改'世'为'代',后人传写误'代'为'伐'。"如果俞樾不了解唐代因皇帝名中有"世"而避讳"世"字的古代避讳习俗,就不可能校订"伐"为"代"字之误。北朝著名校勘家颜之推就曾说过:"校定书籍,亦何容易,自扬雄、刘向方称此职耳,观天下书未遍,不得妄下雌黄,或彼以为非,此以为是,或本同末异,或两失皆欠,不可偏一隅也。"因此,古代校雠对校勘工作者学识提出了很高的要求,历代校勘专家往往都是学养有素的大学问家。

校雠者的学,主要来自两方面,一是从阅读中学;一是从质疑和释疑中学,即从校雠挑误、疑误和排误过程中学。学与校结合即是校中学、学中校,校学相长。校学相长的机制,就是从有疑到质疑再到排疑的过程。校雠质疑,对"校"和"学"均大为有益。一方面,通过校雠质疑可以消灭差错;另一面,质疑和排疑有益于质疑者温习、印证和巩固自己原有的知识,增长新知识,消除原有知识结构中的盲点和误区,进而可以在将来校雠中减少"有误不误"和"以不误为误"的误差。有所成就的校雠家都是敢于和善于在校雠中质疑和排疑的人。因此,他们能够在个人校雠的基础上总结、撰写有益后人的传世之作。如汉代刘向父子的《别录》和《七略》,唐代颜师古的《匡谬正俗》,宋代吴缜的《新唐书纠谬》,清代王念孙的《读淮南杂志序》,近代陈垣的《校勘学释例》等。

由此可见,在古代,校勘工作是一项相当艰苦而细致的工作,它不仅需要认真而踏实的态度和工作作风,而且需要具备一定的学识和才思。从这一点上来说,古代校勘、现代校对对校对人员素质的要求是一致的。当代文学家秦牧在《校雠之

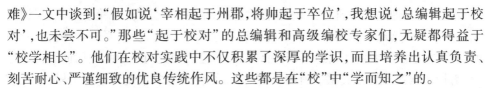

难》一文中谈到："假如说'宰相起于州郡,将帅起于卒位',我想说'总编辑起于校对',也未尝不可。"那些"起于校对"的总编辑和高级编校专家们,无疑都得益于"校学相长"。他们在校对实践中不仅积累了深厚的学识,而且培养出认真负责、刻苦耐心、严谨细致的优良传统作风。这些都是在"校"中"学而知之"的。

综上所述,古代校雠"甚忠""甚劳"的工作态度,"校异同""校是非"的两大功能和"校学相长"的机制,已成为延续至今的校对工作的优良传统,应得到现代校对工作者的继承与发展。我们应总结古代校勘工作的经验、教训,发扬校雠工作者一丝不苟、吃苦耐劳、踏实认真的工作作风,并用于现代校对工作中,按照校对工作的要求,认真"校异同",努力"校是非",为扫除校样上的一切疏漏、确保出版物的质量而奋斗。

# 任务 2　校对在出版工作中的地位及作用

## 1.2.1　现代校对在出版工作中的地位及作用

现代校对在出版工作中的地位及作用,主要体现在以下三个方面。

### 1) 校对是最重要的出版条件

出版生产是个系统工程。这个系统工程是由编辑、校对、装帧设计、印制等各个要素构成的统一整体。这些要素既相对独立,又相互联系、相互补充、相互制约。只有各要素在各自环节充分发挥作用,做到最好,形成合力,才能最终保障出版物的整体质量。

在出版生产流程中,校对处于编辑工作完成之后、开机印制之前的特殊环节。编辑工作的疏漏,可由校对来补充完善;而校对工作的失检,则会造成图书成品中无可挽回的错误。校对的这种特殊地位,使它在图书质量保障体系中举足轻重。

出版物是一种思想文化信息载体,其作用在于将负载的信息传递给读者,并作为文化遗产积累保存,通过文化传播和传承发挥引领社会进步的作用。实现出版物的文化传播和文化传承功能,前提条件是"信息保真",即准确无误,完整无缺。失真的、残缺的信息是没有传播和积累价值的。

出版物是通过文字符号记载、储存信息的,信息的"保真"有赖于用字、用词乃至标点符号的准确。故清代学者戴震曾说:"经所以载道、所以明道者,词也;所以明词者,字也。学者由字以通其词,由词以通其道。"由此可见,用字、用词的正确与否,直接影响到"道"的传播。有时一字之差,便会致使信息失真甚至走样,造成谬误流传,贻误读者乃至后代。

现代著名作家钱锺书的名著《管锥编》,在学界影响很大,然而在初版本中却存在 500 多处错误,其中有不少就是一字之误而致改变原意的。因此,该书再版时钱先生改正了错漏,并写了一篇《再版识语》,感慨道:"初版字句颇患讹夺,非尽排印校对之咎,亦原稿失检错漏所致也。""亦知校书如扫落叶,庶免传讹而滋蔓草尔。"虽然钱先生主动承担了责任,但是,出版社的编辑和校对是难辞其咎的。因此,列宁强调指出:"最重要的出版条件是:保证校对得很好。做不到这一点,根本用不着出版。"

鲁迅曾指出:"校对和创作的责任是一样重大的。"鲁迅把校对摆在与创作同等重要的地位,给图书出版过程的校对环节以明确的责任定位。做好校对工作,多出善本、不出错本,这是既对作者负责,又对读者负责,功在当代、利及后人的事。

### 2)校对是在出版生产流程中,处在编辑后、印制前的关键环节,是图书质量保障体系的最后防线

《图书质量保障体系》把图书的质量保障分为前期、中期和后期三个环节。前期指选题策划和物色作者,好的图书首先要有好的选题,其次要有合适的作者来撰写,这是保障图书质量的前提。中期分为前后两个阶段,前阶段是编辑对书稿的审读和加工,通过审读,发现书稿中的不足,进一步完善;通过编辑加工,使书稿的内容价值得到提升,形式更加规范。后一阶段是校对人员对书稿的校对加工,通过校对,弥补编辑加工工作中的不足,确保书稿的质量。后期是印刷和装订的环节,这两个环节决定了图书的呈现形式,也是非常重要的。编辑和校对相互衔接,形成合力,共同筑构了图书质量保障体系。

所以,编辑加工后的对象也即发排的文本即是校对工作的对象,从时间上看,是编辑工作的延续。因此,校对是编辑工作的重要组成部分,是特殊的编辑工作,是学识性、文字性的创造性劳动。

出版过程存在的价值,在于正确地、完整地转移作者的劳动成果,并在作者劳动成果的基础上进行再创造,这种再创造贯穿于图书编校工作的全过程。在校对过程中,再创造的表现有二:其一,消灭书稿在录排过程中出现的错漏,保证作者劳动成果不错不漏地转换成印刷文本;其二,发现书稿本身可能存在的错漏,弥补作

者创作和编辑加工的疏漏。

因此,校对工作是编辑工作的重要组成部分,是出版生产流程中的独立工序,是编辑后、印制前的质量把关环节,其根本任务是将一切差错消灭在出版之前,从而保证出版物的传播和传承价值,是图书质量保障体系最后的防线。

### 3)校对是实现文化传播、文化传承价值的重要保证

从一定意义上讲,作者的创作文本并不完全具备出版条件,经过编辑审读加工后的发排文本也只是个"准出版物"。只有通过校对的再创造活动,发现并改正原稿可能存在的错漏,从而使作者的作品趋于完善,才能付诸印制而成为出版物,实现作品的文化传播和文化传承的价值。

在我国文化传播、文化传承的历史中,校对历来占据着重要的地位。纵观周秦以来两千多年文明史,朝代屡次更替,战争频繁,书籍屡经浩劫,中华文化数次面临断失的危险。所幸历代君王都很重视古籍校理,在朝廷设立专门机构,收集典籍、集中学者从事校书工作。加之雕版印刷术和活字印刷术的相继发明,出版事业日益发展,由此带来了学术繁荣、文化繁荣。学术文化的繁荣,又推动了校雠事业的发展和校雠学术著作的纷纷问世。故校雠之于中华文化源流不断,可谓功勋不朽。

近代学者叶德辉曾用八个字评价校雠的作用:"有功古人,津逮后学。""古人"指原著作者。"津",作"渡口"或"桥梁"讲,"逮",作"到、及"讲,"津逮后学"即将正确有用的知识传给读者,传给后人。他说的就是通过校雠,改正讹误,使图书实现文化传播和传承的价值。叶德辉对古代校雠作用的评价,完全适用于评价现代校对。

现代校对的价值,不仅表现在采用正确方法,消灭各种差错上,更表现在为读者、为后代提供"善本"(无错或差错极少的图书)上,从而实现文化的传播和传承,这就是现代校对的终极价值。

综上所述,关于现代校对工作在出版工作中的地位和作用,可作如下界定:校对工作是出版生产流程中的独立工序,其作用是将文字差错和其他差错消灭在出版之前,从而保证出版物的传播和传承价值,因而是最重要的出版条件。编辑工作和校对工作,相互衔接又相互独立,共同构筑了图书质量保障体系。

## 1.2.2　校对与编辑加工

书稿的编辑加工和校对是图书出版工作中的重要环节,是保证图书出版质量的关键。两者相互衔接,形成合力,共同构筑了图书质量保障体系。

纵观中国古代出版史,编校不仅同源,而且长期合一,这与当时的出版生产力

水平相适应。校雠一直是编辑工作的主要组成部分,且古代学者整理古籍的基本工作程序是先校而后编的。因此,古代的编辑家首先是校雠家。到了近现代,随着出版生产力的发展,编校开始分流,这是出版生产力集约化的表现,是出版历史的进步。编校分离,促进了校对技术的发展,推动了校对制度的完善,造就了现代校对人才。

所谓加工整理,指的是责任编辑对书稿内容、体例、引用材料、语言文字、逻辑推理等方面存在的问题,一句一字一符地推敲修改,使内容更完善,体例更严谨,材料更准确,语言文字更通达,逻辑更严密,消除一般技术性、常识性差错,防止出现原则性错误,并符合排版和校对要求。具体来说,编辑加工的内容主要有六项:

①修饰,即对文字作修改润色,使表达准确;

②改错,即改正不当提法和错别字等;

③校订,即根据可靠资料,订正引文、事实、数据等方面的差错;

④增删,指经作者授权作少量的内容增删;

⑤整理,指为使书稿符合排版要求而进行的技术性加工,包括统一体例、用字用语、书写格式,描清字符,标注说明有关事项,保持书稿整齐清洁等;

⑥写辅文,如内容提要、出版说明、编者注等。

概而言之,对三审决定采用的书稿,无论内容还是形式方面存在的所有问题,都属于责任编辑加工整理的工作范畴。而专业校对的功能主要有两项:一是校异同,即对原稿负责,消灭一切排版上的错误;二是校是非,即发现原稿有错漏和不妥之处,及时提交编辑部门解决(校对人员不能改动原稿,只能提出疑问,请编辑人员研究处理)。具体来说,校对的工作内容主要包括:

①比对原稿校异同;

②誊样、核红;

③技术整理,核对目录和书眉,检查标题、注释、参考文献及索引等的顺序;

④改正笔误和非规范字;

⑤质疑。

编辑加工后的对象也即发排的文本即是校对工作的对象,从时间上看,是编辑工作的必要延续,是编辑工作的补充和完善。可以说,校对是特殊的编辑工作。

但是,编辑和校对的地位、作用及其任职资格要求是不一样的。相对编辑来说,校对有以下特殊性:不同于编辑的校读方式、感知习惯、工作方式、思维方式和心理素质,弥补了编辑加工的不足,发挥着特殊作用。具体而言,有以下三点不同。

### 1)校对的阅读方式与感知习惯与编辑不同

校对人员的阅读是点性阅读,即把字符作为单位,感知的是"点",容易捕捉到个体细微的差错;编辑人员的阅读是线性阅读,即把句子作为阅读单位,感知的是"线",对个体字符的差异不大容易发现。如"科技意味着文明"这个句子,在校对人员的眼里被划分为"科技""意味""着""文明"四个点;而在编辑人员的眼里,只有"科技意味着文明"一条线。如果是"科学意味着文明"或"科技意味着文化",都容易使编辑误视为"科技意味着文明"。

### 2)校对的思维方式与编辑不同

校对的天职就是比勘订正,查错灭错。因此,校对思维和编辑思维有着很大的差异。校对思维方式有五个特点:

一是逆向思维,带着挑剔、怀疑的眼光来校勘字句和标点符号;

二是联想思维,如前后联想,文注联想,文图、文表联想;

三是比较思维,比较原稿前后,比较原稿与校样等;

四是猎异思维,对校是依据原稿猎校样之异,本校是猎前文与后文之异,他校是依据他书猎本书之异;

五是发散思维,如从语义、语法、语用等角度辨析字词。

校对思维这些特点,有助于校对人员突破恒定的思维模式,从而敏捷地捕捉讹误。

### 3)校对的心理素质与编辑不同

编辑既要调查研究、策划选题、物色作者,又要审读书稿、修改加工,承担的业务工作众多。而校对的工作对象只是校样与原稿,工作方式是比勘和订正,比较单纯,更容易集中精力地做好校对工作。

校对工作从编辑工作中分离出来,但校对作为编辑工作的重要组成部分这一基本属性并未改变,它是编辑工作的延续,是对编辑工作的补充和完善。校对作为独立的工序环节存在,是符合出版生产力发展要求的。

## 思考题

1.简述现代校对与古代校雠的关系。

2.如何继承和发扬古代校雠的优良传统?

3.简述现代校对在出版工作中的地位及作用。

# 现代校对的主体

**知识目标**

1.掌握现代校对主体的构成。

2.掌握专职校对应具备的修养及能力。

**能力目标**

1.能够区分不同校对主体从事校对工作的优劣势。

2.以专职校对的修养及能力为目标,加强学习,能够胜任校对工作。

# 任务 1　现代校对的主体及其特点

现代校对的主体即校对者,是相对于校对的对象即客体而言的。它包括专职校对者、著作人(作者)校对者和编辑校对者。不同的校对主体的基本功能是一致的,都是通过"校异同"来消灭排版差错,通过"校是非"来改正原稿差错,但校对工作的侧重点有所不同。

随着科技的飞速发展,尤其是计算机技术的发展,编辑出版目前已大范围地使用现代化手段,电脑排版、电脑校对等出版新技术的出现、推广与应用,使当前的校对工作发生了改革与变化。目前个体手工劳动已逐步发展到电脑校对,并呈现出各种校对方法并存的局面。

现代化校对实现了操作上的快捷、优质、优效,简化了流程。编辑工作上机操作,从稿件修改到文稿校对,一般的编辑都可以兼顾,独立进行,因此有人提出"编校合一"的观点。他们认为编校合一是必然的发展趋势。但也有人提出不同的意见,认为编校分工是历史的进步,所谓术业有专攻,每一行都有各自不同的特点,计算机排版并不代表永远不出现错误,专业校对仍然是出版流程中不可缺少的环节。

## 2.1.1　现代校对的主体具有多元化的特点

就当前出版工艺流程与校对实际情况而言,目前现代校对主体主要有作者校对、编辑校对、专职校对和编校合一、编校轮岗、内外结合六种。

### 1)作者校对

作者校对是指在其文稿定稿之后的校对行为。在出版单位决定采用作者的稿件之后,出版单位一般会将原稿连同其修改意见一并交还作者,请作者再校改,以期将原稿的错漏减少到最低程度。

当二校样出来后,出版单位根据条件将校样交给作者,让其校对,帮助消灭知识性、学术性、专业性方面的错误,以保证书刊内容质量,同时也体现了对作者创作性劳动的尊重。

### 2) 编辑校对

编辑是原稿的第一位读者,同时也是第一位校对者。编辑的主要职责在于发现原稿疏漏,尤其是文字性、常识性和技术性错误。同时在出版过程中要耐心、细心、热心地解答专职校对提出的各种质疑,含错别字识别、知识性纠错、技术性处理等,协助校对员予以核查、订正。编辑最后审读清样,纠正专职校对的失误。

### 3) 专职校对

专职校对作为编辑工作的继续,首要任务是对照原稿、剔除一切排版错误。如发现原稿有错漏之处,或者需要核实,或者需要重新审订的地方,应毫不客气地提出来,交由责任编辑予以解决。专职校对不得擅自改动原稿。

### 4) 编校合一

编校合一即身兼二职,既是编辑又负责校对。这是一些出版单位尤其是期刊社的常见校对模式。编辑身兼校对的优势在于对稿件内容熟悉,对修改、删减、增添情况了解,对其中校对的难点、重点易于掌握,一般不会出现技术性、专业性校对错误。

但也有一些不利的因素:一是由于编辑的过于自信,易在不大注意的地方一错到底,甚至出现常识性错误;二是由于习惯性编辑操作,对稿件处理存在某些盲点,如一些规范化的用字用词,或者标准化出版要求,有时会轻易放过。版式、字体、版本记录等差错,有时也不容易察觉。

### 5) 编校轮岗

编校轮岗是指在出版过程中推行编辑与校对定期轮岗制度。有些出版单位在一定范围内不同程度地在进行尝试。

编校轮岗的优势在于:一是大大提高了校对主体的全面素质,以适应校对工作的实际需求;二是将消除编辑与校对之间无形的鸿沟,共同参与,平等竞争,携手合作,同心同德,保证书刊质量达标;三是将编校本来密不可分的专业职责更加紧密地联系在一起,组成一个命运共同体,有利于编辑质量与校对质量的同步提高,互为补充,互相制约。

### 6) 内外结合

有些出版单位,由于出书量大,校对力量相对不足,或者编制有限,专职在岗人

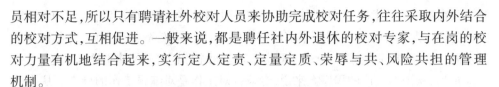

员相对不足,所以只有聘请社外校对人员来协助完成校对任务,往往采取内外结合的校对方式,互相促进。一般来说,都是聘任社内外退休的校对专家,与在岗的校对力量有机地结合起来,实行定人定责、定量定质、荣辱与共、风险共担的管理机制。

在现代校对工作中,专职校对人员的部分职责被其他的校对主体所承担,因而呈现出校对主体多元化的特点。

校对主体多元化是一个系统的概念,主要指在图书出版过程中,作者、编辑、专业校对人员三位一体,采用多种手段、方式、方法共同对图书编校质量负责。这是一种顺应时代潮流的新型校对体制。

其中,作者的主要职责是校对书稿的内容,编辑的主要职责在于克服编辑差错,专业校对员则是校文字、符号、版式、体例等并对书稿校对质量全面负责。以专业校对为核心,由专职校对员统一组织、协调解决有关各方在校对过程中出现的技术性问题,从而达到完全消灭差错的目的。

现代校对多元化的特点是新技术革命的必然产物。随着计算机和互联网的普及与广泛应用,纸质投稿方式越来越多地被数字投稿方式所代替。作者通过网络以 E-mail 等方式把全部稿件信息发送至出版单位,出版者和著作者直接在网上对话,进行快速信息处理。除选题策划外,审稿、编辑加工、版式设计、校对、改样、出片等图书出版的全部印前工作均可通过互联网在计算机上操作,大大减少了图书生产的中间环节,提高了工作效率,有效地缩短了出版周期。

综上所述,在现代化校对过程中,传统的校对模式和专业校对员的角色功能都发生了深刻的变化。尽管校对的功能和实际意义依然存在,但专业校对员的职责已部分地被作者、编辑或作者、编辑之外的其他社会力量承担,从而形成了校对主体多元化的态势。

## 2.1.2 校对工作要以专职校对为主体

随着编辑手段现代化程度的不断提高和各种校对软件的广泛应用,人们对专业校对在出版过程中的地位提出了质疑。其中最具代表性的是编校合一和校对主体社会化,认为信息革命造就了校对主体多元化。校对主体的多元化特点是对专业校对的彻底否定,主张取消专业校对。实践证明,这种见解是不可取的。

首先,编辑和校对是两个不同的职位,其职责各异,无论是编校合一,还是校对主体社会化都违背了出版业发展的客观规律。

其次,从专业分工的角度上看,作者、编辑和校对三者对发现差错、消灭差错的兴奋点不同,纠错的角度、方式也不一样。一般来说,在作者方面常常更多的是把精力放在书稿的学术质量、社会使用价值和理论体系的完整性、严密性等方面;编辑一般是把眼光投向内容的表述、书稿的结构体系、体例与修辞规范方面;专业校对员则不同,他们需要注意到每一个字、词、句,乃至每个印刷符号的使用是否规范。

最后,从图书生产的程序上来说,专业校对工作是对编辑工作的检查。从本质上来说,专业校对是对编辑工作的补充和完善,是编辑工作的延伸。尽管为了提高图书质量,很多出版社要求编辑至少要通读一遍校样,但其心态与专业校对员完全不同。编辑往往是以一种欣赏劳动成果的心情去读校样,而校对以挑剔的眼光对待校样,以发现并消灭差错为乐趣。

韩愈认为校对非博学者不可为。专职校对者一般应具有大专及以上文化水平,须经过专门的校对训练并取得相应资格,掌握校对专业技术,具有一定的职业敏锐度。

而当前出版业面临着"无错不成书"的现状,造成这种现状的一个重要原因在于出版界普遍比较轻视校对工作,其校对队伍逐渐弱化。许多出版社不能认识到校对工作的独立性和独特性,认为"校对只是一种简单的劳动,只要认识字的人都可以做校对,并认为校对不能创造财富",因而将设置校对机构、配备专职校对人员视为经济负担,把撤销校对机构当作"改革"举措。在这种错误认识的指导下,全国已有1/3以上的出版社撤销了校对机构,还有1/3左右的出版社虽然保留了校对科室,但编校人员配备比例严重失调,不少出版社推行"编校合一",或者完全依赖社外校对。

相对于现代校对的其他主体,专职校对者具有以下优势:

①在校异同方面,他们具有一般作者和编辑所没有的优势。他们对各种繁、简、异体字和异形词的规范用法,对改正各种技术性差错(如文字、标点符号、数字、图表等差错),一般比作者和编辑更为熟悉,因而更容易发现问题。

②相对于作者和编辑而言,专职校对者校的是他人的作品,没有先入为主的概念,因而有利于从原稿中发现问题,提出质疑,以弥补编、著者的不足。

校对工作专业化,校对机构独立承担校对任务,是由图书出版工作客观规律决定的。专业校对不仅是校对主体多元化的重要组成,而且是核心。我国现有校对队伍的整体水平与时代赋予的使命还有一定的差距。由于历史的原因和世俗的偏见,校对队伍的整体文化层次相对于编辑来说普遍偏低,加上政策导向上不尽合理,校对在职称、待遇等方面存在不少值得探讨的问题,高学历的人不愿意做校对,文化基础差的人做不了校对,而且在未来的三五年中,一批经验丰富的老校对因年龄的原因,将相继从现在岗位上退下来,专业校对面临着人才断层的危险。因此,不失时机地抓好校对队伍建设,全面提高专业校对人员的整体素质迫在眉睫。

# 任务 2　专职校对应具备的修养和能力

校对工作与出版的质量有着极其密切的关系,是出版工作中不可缺少的一环。专职校对是负责校对工作的专职人员,校对工作的好坏与专职校对有着密不可分的直接联系。

随着电脑时代的到来,以及一系列电脑校对软件的发明与应用,专业校对受到了巨大的冲击,依原稿对小样的工序被化解到电脑打字,使校对的独立地位开始动摇。在目前这个特殊的转型期以及今后,校对人员应当具备怎样的修养和能力来提高校对的质量? 这是每一个从事校对工作的人员都必须深入思考的问题。

## 2.2.1　专职校对应具备的修养

在具体的校对实践活动中,专职校对应具备五个方面的修养:政治修养、道德修养、语言文字修养、知识修养和心理素质修养。

### 1) 政治修养

政治是经济的集中表现。政治是上层建筑,产生于一定的经济基础之上,并由经济基础所决定,同时它又反过来影响经济基础。出版事业属于上层建筑的范畴,是由一定的经济基础所决定的。任何国家的出版事业都是以维护统治阶级的利益为前提的。我国《宪法》明确规定公民具有言论、出版自由,但在现实生活中绝对的言论、出版自由是不存在的。

我国是社会主义国家,我国的出版事业是中国共产党领导的社会主义事业中的一部分,其根本目的就是服务大众,服务社会。习近平总书记在中国共产党第二十次全国代表大会上的报告中明确指出:"全面建设社会主义现代化国家,必须坚持中国特色社会主义文化发展道路,增强文化自信,围绕举旗帜、聚民心、育新人、兴文化、展形象建设社会主义文化强国,发展面向现代化、面向世界、面向未来的,民族的科学的大众的社会主义文化,激发全民族文化创新创造活力,增强实现中华民族伟大复兴的精神力量。

我们要坚持马克思主义在意识形态领域指导地位的根本制度,坚持为人民服务、为社会主义服务,坚持百花齐放、百家争鸣,坚持创造性转化、创新性发展,以社会主义核心价值观为引领,发展社会主义先进文化,弘扬革命文化,传承中华优秀传统文化,满足人民日益增长的精神文化需求,巩固全党全国各族人民团结奋斗的共同思想基础,不断提升国家文化软实力和中华文化影响力。"

在实际出版工作中,迷失方向、违背党的原则和方针的现象时有发生,如宣传错误的政治观点,表达错误的思想倾向,违反国家法律法规和政策,宣传伪科学和封建迷信等。校对工作者需加强自身的政治涵养,不断提高思想政治觉悟,在校对过程中能保持清醒的头脑,保证出版物不偏离正确的政治路线,坚持为党、为人民、为社会服务。

### 2)道德修养

道德修养的一个重要方面表现为职业道德。校对工作者的职业道德归根结底表现在校对者的责任感及其对校对工作的热爱程度上。

校对工作是文字把关工作,一切政治理论、文学艺术、教育卫生、科学技术等各类著作,都要经过校对人员过目,且校对多次,才能校正政治上、文字上和技术上的差错。一部数十万字,甚至上百万字的著作中,不出现哪怕一丁点的错误,是一项既艰辛又光荣的工作。如果没有求实求精、高度负责的精神,是很难做好的。因此,校对工作首先要求每一个专职校对人员具有高度的责任感,做到对读者负责、对事业负责。

校对是一项严肃的工作。必须从思想上高度重视,树立一丝不苟、严肃认真的工作态度。思想不重视是产生差错的重要原因。认为文字上难免出点差错的思想是有害的。邹韬奋说:"一个错字都没有,在实际上也许做不到,但是我总是以此为鹄的,至少使它的错误极少。"有些重要的书刊,就是要保证消灭一切差错。只要思想重视,措施得当,消灭差错是可以办到的。

专职校对人员需热爱校对工作,愿意为出版事业终身甘当无名英雄。校对人员工作的对象是原稿和校样。它要求我们长年累月埋头伏案,默默无闻地在成堆的文字中找差错,为消灭书稿的差错而洒下汗水,付出艰辛。如果不热爱校对工作,是很难将工作做好的。

### 3)语言文字修养

有人说:"只要识字就能做校对。"这显然是一种误解。校对是一项具有特殊职业要求的工作,它是编辑工作的延续,是对编辑工作的补充和完善。校对要熟悉文字规范,而且要有文字方面的基本功,熟悉汉字简化规范,熟悉简变繁、繁变简的用法。

### 4）知识修养

要成为一个称职的校对,不仅要能校异同,还要能校是非。这就要求校对人员具有广博的知识。如某稿件将长城"嘉峪关"错写成"嘉裕关",不熟悉这个地名就很难发现。又如某稿件叙述三国演义的关云长封号——汉寿亭侯,误把"汉寿亭侯"当作汉朝的寿亭侯。

在实际工作中校对人员遇到的稿件是五花八门的,涉及各类学科,如文史哲、数理化、理工农医、天地生等,无所不包,如果没有广博的知识,遇到问题看不出问题,是很难做好校对工作的。

### 5）心理素质修养

校对工作是一项非常细致的工作,它要求校对人员必须始终保持良好的心态,在校对的过程中做到静心和耐心,且不易受外界干扰。校对的职责是查错改错,在字里行间里寻找错误,因此注意力必须要高度集中。心猿意马、三心二意是很难做好校对工作的。

总之,校对人员的素质是综合水平的表现,因此必须全面加强修养。

## 2.2.2 专职校对应具备的能力

一般来说,专职校对应具备以下八个方面的能力。

①熟练运用语言文字的能力。熟练运用语言文字能力包括多认字,掌握现代汉字使用规范,掌握标点符号、数字、量和单位用法的国家标准,掌握好语法、修辞和逻辑以及书面材料语言文字出错的规律等方面。

专职校对运用语言文字的能力提升可以从以下三个方面入手:

第一,系统地学习,有计划地阅读汉字、语法、修辞、逻辑方面的书籍,比较系统地掌握汉字、语法、修辞、逻辑知识;

第二,在校对实践中碰到疑点、难点,带着问题查阅相关图书资料,通过排疑解难掌握知识,达到"校学相长"的目的;

第三,经常练习写作。如写作专业论文、总结实践经验等,通过写作实践来运用语言文字知识,从而牢固地掌握语言文字知识。

②熟练掌握字、词及文史知识工具书的检索方法,能够比较快捷地查难释疑。

③具备比较丰富的知识积累。

④掌握各种校对方法和电脑校对软件操作技术。

⑤掌握图书版面格式知识,对版面格式错误具有较强的识别能力。

⑥掌握英语并熟悉国际流行的其他外文文种字母。

⑦熟练掌握并运用校对方法的能力。专职校对必须熟练掌握各种校对方法,并善于综合运用。

⑧心理自控的能力。专职校对要具备良好的心理素质,耐得住寂寞,注意力集中,自觉地控制情绪,保持良好的心态。

上述内容中,特别强调校对人员应具备三种基本功,即语言文字基本功、校对操作基本功及心理自控基本功。这三种基本功是校对职业特殊能力结构的主要内容,也是校对人员必须具备的三大能力。

## 思考题

1.试述现代校对主体的构成。

2.如何通过学习和训练,成为一名合格的专职校对? 谈谈你的认识。

# 模块3

# 现代校对的客体

**知识目标**

1.了解现代校对客体的构成及特点。

2.掌握现代校对客体的差错类型及成因。

**能力目标**

1.能够区分手写书稿和电子书稿的不同特点。

2.培养对现代校对客体差错的敏感性,善于总结出错规律。

# 任务 1　现代校对的客体及其特点

现代校对的客体就是校对主体认识和实践的对象,即原稿和校样。由于出版物在生产过程中(如创作、加工整理、录入排版等)不可避免地会发生一些错漏,这些错漏都反映在校对客体上,需要校对主体补漏改错,使出版物得以完美地问世。

## 3.1.1　原稿的种类及特点

原稿是作者创作,编译者编译、主编者编著,经编辑审定并加工后发排的文稿、图稿,是校对工作中校异同的依据。在校对实践过程中,校对人员一般会接触到两种类型的原稿:一类为手写书稿,另一类为电子书稿。其中前者日趋少见,后者愈发普遍,简言之,电子书稿已成为现代原稿的主要形式。

### 1) 手写书稿

在计算机技术尚不发达的年代,作者一般都是用笔纸完成书稿的创作。当然现在出版单位也收到过不少手写稿,一些作者不会使用电脑或习惯于手写,白纸黑字。但一般有这样习惯的作者都比较严谨,书稿很清爽,不会给编校工作带来很大的麻烦,只是相对电子书稿,手写书稿要多一道排版人员录入书稿的工作。

一般出版单位对于收到的手写书稿有如下要求。

①手写的书稿采用黑(蓝)色的钢笔或圆珠笔抄写在所要求的统一规格的稿纸上。出版单位不收不清楚的打印稿、油印稿、复印及复写稿。

②书写字迹必须清楚、工整。书稿用字一律用简化汉字,每段开头空两格,以后一字一格,标点及一般符号也占一格,外文用印刷体书写,不得写成连笔字。

③对于易混淆的字母,应在字母旁用铅笔注明文种、大小写、正斜体、黑白体。对于有上、下角标的符号,位置高低应书写清楚。

④修改原稿原则上不要使用校对符号。修改时应在原文上(下)空行处修改。稿件如增删勾改较多、稿面较乱,必须重抄。应注意的是,重抄的稿件必须认真核对。

⑤成稿后应编写页码,并注意检查页码有无遗漏、重复及错页。

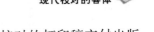

⑥打印的书稿必须经过作者仔细校对。切忌将未经校对的打印稿交付出版，以免发生严重质量事故，造成极严重后果。

总而言之，手写书稿必须做到齐、清、定。

### 2）电子书稿

随着社会的进步、科技的发展，计算机日益普及，手写书稿逐渐淡出了人们的视线，大部分的作者已经习惯使用电脑完成自己的作品创作。编辑得到的书稿由纸张载体变为了电子文档。还有许多作者把全部稿件信息输入互联网，编辑和著作者直接在网上对话，进行快速信息处理，以至于除选题策划外，审稿、编辑加工、版式设计、校对、改版等出版物的全部印前工作均可通过互联网在计算机上同时操作，一气呵成，减少了出版物生产的中间环节，极大地提高了工作效率，有效地缩短了出版周期。电子书稿存在很多优势，但同时对作者和编校人员提出了全新的要求。

这种电子写作方式改变了编辑工作状态，经过一系列的编排一体化处理后交给校对的是一份打印样稿。因而不再有传统意义上由作者手抄的原稿。在这一过程中，延续了几千年的校对职能悄然发生了变化。按照传统校对规则，校对工序有两个客体，一为原稿，一为校样。而电子书稿的出现，校对客体只是一个磁盘了，磁盘载体材料把原稿和校样合二为一。校对失去了比照物，对校法无法使用，校对工作的重点从原来的校对原稿和打印样稿之间的校异同逐渐转向校是非，以及逐字逐句读校样，改正错别字，统一全书体例、版式等。

电子书稿以电子文档的形式储存，存取快捷、简便，省去了录入人员将手写书稿录入这一环节，减少了中间人为因素造成的对作者书稿的录入错误，而录排差错是造成书稿差错的主要来源。电子书稿的最大特点就是不存在错字，但会有大量的别字，在别字的辨别上，这对作者的要求无疑比手写书稿的要求要高很多，同时给编校人员增加了难度。

鉴于目前出版单位的纸媒体图书出版仍以纸质文稿为主要工作对象和依据，审读、编辑加工、排版和校对等环节，以及作者校改、质量检查时，均以纸质文稿为依据。因此，要求作者在提供电子书稿的同时，要提供纸质文稿。编辑人员在纸质文稿上进行加工，之后由排版人员按照编辑的加工修改电子书稿并根据版式设计进行版式转换。这就要求编校人员必须跟上科学技术的进步，熟练地掌握并使用计算机，了解不同的录入方法，了解常用的各类软件的特点及其之间的差异。只有这样，才能在编校工作中游刃有余地解决排版后清样中存在的各种问题，从根本上保证图书的编校质量。

## 3.1.2  校样的种类及特点

依据原稿排版后打印的样张,依据校改样改版后打印的样张,按照编辑的版面设计将作者的电子书稿转换成印刷文本打印的样张,统称"校样"。

校样分为毛校样、一校样、二校样、三校样、清样等。

### 1)毛校样

排版单位自己检查排版质量所用的校样称为毛校样;排版单位的校对人员对毛校样进行的校对称为毛校,毛校可采用人工校对和计算机校对,一般仅进行一次,必要时,可进行两次毛校。毛校样是依据原稿排版后打印出的样张,有的是长条(还没有按照图书的形式拼版),有的是已经拼好版的。该校样上存在各种类型的差错,相比其他种类的校样差错率是最高的。但毛校主要是依据原稿核对校样,消灭毛校样上排版方面的错误,包括文字、数字、符号、标点、图表、公式及格式等。毛校后,初校样的错误率应限制在 1/1 000 左右,错误低的应为 1/3 000~1/5 000。印制管理人员应负责督促工厂提高毛校的质量,尽量减少初校样的错误。

### 2)一校样

出版单位进行一校用的校样称作初校样,也称一校样。一校样有两种:一种是依据原稿录排打印出的校样;另一种是排版单位依据编辑在打印稿上的加工进行改版,再按照版式设计要求进行版式转换打印出的校样。前一种存在大量录排错漏,差错率通常在 15/10 000 左右;后一种除存在作者写作错误,编辑错改,改版过程中的漏改、错改外,还可能存在版式转换中的内容丢失或错乱,差错率比前一种更多一些。一校后灭错率要达到差错总数的 75%。

### 3)二校样

二校样是指经过一校改版后打印出的样张。尽管校样中的差错已经消灭了75%,但是错误仍有不少,同时还可能新添一校后改版过程中产生的新差错。二校的灭错率为一校留错的 75%,要求校对人员更加认真、仔细。

### 4)三校样

经过二校改版后打印出的样张称作三校样。经过两次校对三校样上的录排错误已经很少了,但仍存在其他方面的差错。三校通过通读检查,原则上要消灭全部差错,最低标准为差错率不超过 1/10 000。

5）清样

清样是指经过几次校对、改版后，最后打印出的确认无误的不必再校的校样，是作为制版制片依据的工作样张。

此外，还有红样。红样指的是经过校对，校样上勾画了各种校对符号，尚未改版的校样。

校样还有正样、副样之分。同一校次打印两份或多份校样，一份由校对人员校对，叫作"正样"，另一份或几份分送作者、编辑或专家校对的，叫作"副样"。过红一般就是将作者和编辑在校样（副样）上所修改的字符一一誊录到校对员修改的校样（正样）上。如果正样改动少而副样改动多，也可将正样誊录到副样上。

# 任务 2 现代校对客体的差错类型及成因

校对以猎错改错为基本职责，校对工作者对原稿和校样上可能存在的差错类型及成因心中要有数，这样才能更好地猎错改错。

## 3.2.1 现代校对客体的差错类型

原稿和校样上存在着各种差错，归纳起来主要有十种类型：文字差错、词语差错、语法差错、数字使用差错、标点符号使用差错、量和单位使用差错、版面格式（版式）错误、事实性错误、知识性错误、政治性错误。

### 1）文字差错

原稿和校样上的差错，所占比例最大的一种差错类型是文字差错，包括错别字、多字、漏字、错简、错繁、互倒、异体字、旧字形等，出现频率最高的是错别字。

文字差错还有一种类型，即外文字母使用错误和汉语拼音错误。常见的错误有：各文种字母混用，大小写、正斜体不符合规范，汉语拼音违反《汉语拼音正词法基本规则》及声调标注错误。

（1）错别字

错别字是错字和别字的合称。错字，即把汉字的笔画写错，像字但不是字，在规范字典中查不出的字，常见于手写书稿中；现代出版物基本采用电脑录入，一般不会出现错字，有时遇到生僻字，电脑字库里没有时，需要造字，这时需要注意字形，以免造出错字来。别字，是指是字但使用不当的字，即把甲字写成乙字，由于两字音近、形近或义近，导致使用错误。错字和别字，出现频率最高的是别字，我们说的错别字，主要指的是别字。改正别字是编辑加工和校对改错的重点。

常见错字的类型有：

①因增减笔画而致错

如："预"，左边的"予"多写了一撇，误写为"矛"。

②因错写偏旁而致错

如："博"，左边的偏旁"十"，误写成"忄"。

③因偏旁移位而致错

如："须"中"页"本应在右边，却写在了左边。

④因受前后字偏旁影响而致错

如："模糊"中"模"误写为米字旁。

⑤因使用废止或自创的简化字而致错

如："停车"误写为"仃车"

常见别字的类型有以下几种：

①因字形相近而写成别字

妄想——忘想　草菅——草管　针灸——针炙

②因字音、字义相同或相近而写成别字

秘密——秘蜜　部署——布暑　典型——典形

③受前后字偏旁影响而写成别字

粉碎——粉粹　清晰——清淅　姿态——恣态　锻炼——煅炼

④因不理解字义而写成别字

原形毕露——原形必露　阴谋诡计——阴谋鬼计

异口同声——一口同声　破釜沉舟——破斧沉舟

下面列举一些易错的音近、形近或义近字，要注意区分：

像—相　图像、录像、音像，照相、相片、相册

分—份　过分、水分、分量，股份、身份、份额

备—倍　关怀备至、艰苦备尝，事半功倍、勇气倍增

决—绝　决不罢休、决不食言，绝无此意、绝非易事

长—常　长盛不衰、警钟长鸣,常胜将军、常备不懈

汩—汨　汨罗河,汩汩流水

度—渡　度假村、欢度春节、浓度,渡河、渡过难关

炭—碳　煤炭、炭盆、炭疽,碳水化合物、碳元素、二氧化碳

气—汽　气体、水蒸气、气球,汽水、汽油、蒸汽机

躁—燥　急躁、烦躁、浮躁,干燥、燥热、枯燥

侯—候　侯爵、侯(姓)、侯门似海,气候、火候、问候

的—地—得　美丽的花朵、便宜的价格;科学地安排时间、合理地调整计划;吃得饱、听得清楚

症—征　症状、对症下药、病症,更年期综合征、多动综合征、表征

作—做　作画、作文、作曲、以身作则、作调查、作贡献,做饭、做衣服、做贼心虚、做手术、做家务

**(2) 多字、漏字、倒字**

常见的多字系重文,即同一个字重复出现,电脑排版有时会出现重句、重行、重段的情况。

漏字多为作者或录排疏漏所致,也有的是在校对改版过程中误删造成。漏句、漏行的情况也常出现,甚至会出现大面积文字丢失。

倒字指字体倒置,一般电脑录排不会出现该情况。

**(3) 错简**

错简即使用不符合规范的"简化字"。简化字,又称简体字,一般是指中华人民共和国现代中文的法定标准写法,是与繁体字相对而言的。简化字以1986年10月10日重新发表的《简化字总表》为国家标准。如"龄"简为"令","帮"简为"邦","副""傅""腐"简为"付","街"简为"亍","停"简为"仃","舞"简为"午"等均视为文字错误。此外,部分字的简化也是有条件的,有时要简化,有时不能简化,如:

干(乾):乾坤、乾隆中的"乾"不简化。

伙(夥):解释为"多"义时不简化,如"所获甚夥"。

借(藉):慰藉、狼藉中的"藉"不简化。

么(麼):"麼"读 mò 时不简化,如"幺麼小丑"。

苹(蘋):简化作"苹",一用于苹果义,二用于白蒿类的草义,如"呦呦鹿鸣,食野之苹";用于指一种蕨类植物时,类推简化作"蘋",如古诗文中的"白蘋洲""青蘋之末"等。

余、馀(餘):在"余""馀"意义可能混淆时,仍用"馀",如文言句"馀年无多"。

折(摺):在"折""摺"意义可能混淆时,仍用"摺"。

征(徵):宫商角徵羽、文徵明中的"徵"不简化。

肖(萧):萧条、萧索中的"萧"不简化;用于姓氏时随原稿。

**(4)错繁**

即简体字转换成繁体字对应不准确。与简化字对应的形体复杂的字称为繁体字,如灯与燈。校对繁体字应以《简化字总表》为依据,1986 年修订的《简化字总表》中对部分字的繁简转换所作的调整值得重视,例如:

"叠""覆""像""啰"不再作"迭""复""象""罗"的繁体字处理。

"囉"依简化偏旁"罗"类推简化为"啰"。"啰唆"的"啰"和语气助词"啰",不可写作"罗"。

"瞭"字读"liǎo"(了解)时,仍简作"了",读"liào"(瞭望)时作"瞭",不简作"了"。

"叠"字的重叠义,如折叠、叠罗汉、叠嶂等词语,不得使用"迭"字。

"覆"字的翻倒义,如覆灭、覆亡、覆辙等词语,不得使用"复"字。

"像"字用于人物图像、好像、相似等义,如肖像、录像、好像等词语,不得使用"象"字。

在使用繁体字时,还应注意简化字与传承字(与简化字字形相同)、繁体字的对应关系。有时,一个简化字对应一个传承字和一个繁体字,如"表"就对应"表"(表达)和"錶"(钟表);有时,一个简化字还对应两个以上繁体字,如"尝"就对应"嘗"(何尝)和"嚐"(尝试)。此时,务必注意对应正确。

通常出版物(即简体字本)中夹杂的繁体字属于非规范汉字,因而是错字。1992 年 8 月 1 日起施行的《出版物汉字使用管理规定》第六条规定:向台湾、香港、澳门地区及海外发行的报纸、期刊、图书、影像制品等出版物,可以用简化字的一律用简化字,如需发行繁体字版本的,需报新闻出版署批准。

**(5)使用国家明令停止使用的异体字**

异体字则是指跟正体字音义相同、写法不同的字,如庵与菴、乘与乗等,校对异体字是以 1955 年的《第一批异体字整理表》为依据。一般情况下,出版物中不应使用异体字,异体字的使用范围仅限于人名,如:毕昇(升)、翁同龢(和)、马南邨(村)等。

特殊情况下,可以保留或使用繁体字、异体字。《中华人民共和国通用语言文字法》第十七条作出如下规定:"有下列情形的可保留或使用繁体字、异体字:

①文物古迹;

②姓氏中的异体字;

③书法、篆刻等艺术作品；

④题词和招牌的手书字；

⑤出版、教学、研究中需要使用的；

⑥经国务院有关部门批准的特殊情况。"

《出版物汉字使用管理规定》第七条规定："有下列情形的，可以保留或使用繁体字、异体字：

①整理、出版古代典籍；

②书法艺术作品；

③古代历史文化学术研究著述和语文工具书中必须使用繁体字、异体字的部分；

④经国务院有关部门批准，依法影印、拷贝的台湾、香港、澳门地区及海外其他地区出版的中文报刊、图书、影像制品等出版物。"

**(6)使用不符合字形规范的旧字形**

规范汉字的字形以1988年国家语委和新闻出版署联合发布的《现代汉语通用字表》为准。与此相对的旧字形即为不规范的，不能在出版物中使用。如"默"的旧字形为"嘿"，"青"的旧字形为"青"等，都不能再使用。

**(7)外文字母使用错误**

外文字母使用错误主要表现为各文种字母混用，大小写、正斜体不符合规范等。

工作中常见的外文字母有英文字母、俄文字母和希腊字母，由于它们语源相近，因此有些字母形体相似，校对时，必须注意区分。

英文有26个拉丁字母，是世界上应用范围最广的字母。化学元素符号、数学及其科技著作中都会用到它，此外还广泛应用于商标、单位及专有名词缩写，如 kg（千克）、cm（厘米）、ISBN（国际标准书号）。

俄文有33个斯拉夫字母，常见于译自俄文书的内文、版权页。

希腊字母有24个，在数学、物理、天文等方面，用作科学符号的较多，常见的有 $\alpha$、$\beta$、$\gamma$、$\varphi$ 等。

此外，校对时，还必须区分正斜体和大小写。如三角函数符号（sin，cos）用的就是小写的正体拉丁字母。

**(8)汉语拼音错误**

图书出版工作中，涉及汉语拼音知识应用的情形主要有以下几种：

①图书封面上书名的拼写，国内出版的中文书刊应在封面或扉页或封底或版权页上加注汉语拼音书名、刊名。

②少儿类读物,需加注拼音,帮助少年儿童学习知识,认识汉字。

③语文教材、教辅,帮助学习者认识汉字,理解其意义及用法。

汉语拼音错误主要表现在以下几个方面:

①标注汉语拼音时,应当以词为单位却以字为单位;

②轻声、儿化、变调标注错误;

③拼音的大小写、标点标示错误等。

消灭汉语拼音错误,需要参考《汉语拼音方案》《汉语拼音正词法基本规则》《中文书刊名称汉语拼音拼写法》《中国人名汉语拼音字母拼写法》及《中国地名汉语拼音字母拼写规则》等内容,拼写汉语拼音时要注意以下几个方面。

《汉语拼音正词法基本规则》(GB/T 16159—2012)规定了用《汉语拼音方案》拼写现代汉语的规则。内容包括分词连写规则、人名地名拼写规则、大写规则、标调规则、移行规则、标点符号使用规则等。为了适应特殊的需要,同时规定了一些变通规则。

总则

1.拼写普通话基本上以词为书写单位。例如:

rén(人) pǎo(跑) fúróng(芙蓉) qiǎokèlì(巧克力)

diànshìjī(电视机) túshūguǎn(图书馆)

2.表示一个整体概念的双音节和三音节结构,连写。例如:

quánguó(全国) zǒulái(走来)

àiniǎozhōu(爱鸟周) yǎnzhōngdīng(眼中钉)

3.四音节及四音节以上表示一个整体概念的名称,按词或语节(词语内部由语音停顿而划分成的片段)分写,不能按词或语节划分的,全都连写。例如:

wúfèng gāngguǎn(无缝钢管) huánjìng bǎohù guīhuà(环境保护规划)

hóngshízìhuì(红十字会) yúxīngcǎosù(鱼腥草素)

4.单音节词重叠,连写;双音节词重叠,分写。例如:

rénrén(人人) niánnián(年年)

yánjiū yánjiū(研究研究) shāngliang shāngliang(商量商量)

重叠并列即 AABB 式结构,连写。例如:

láiláiwǎngwǎng(来来往往) shuōshuōxiàoxiào(说说笑笑)

5.单音节前附成分(副、总、非、反、超、老、阿、可、无、半等)或单音节后附成分(子、儿、头、性、者、员、家、手、化、们等)与其他词语,连写。例如:

fùbùzhǎng(副部长) zǒnggōngchéngshī(总工程师)

6.为了便于阅读和理解,某些并列的词、语素之间或某些缩略语当中可用连接号。例如：

bā-jiǔ tiān（八九天）shíqī-bā suì（十七八岁）

Zhè-Gàn Xiàn（浙赣线）Jīng-Zàng Gāosù Gōnglù（京藏高速公路）

基本规则

1.分词连写规则

1.1　名词

1.1.1　名词与后面的方位词，分写。例如：

shān shàng（山上）shù xià（树下）

Yǒngdìng Hé shàng（永定河上）Huáng Hé yǐnán（黄河以南）

1.1.2　名词与后面的方位词已经成词的，连写。例如：

tiānshang（天上）dìxia（地下）

1.2　动词

1.2.1　动词与后面的动态助词"着""了""过"，连写。例如：

kànzhe（看着）tǎolùn bìng tōngguòle（讨论并通过了）

1.2.2　句末的"了"兼做语气助词，分写。例如：

Zhè běn shū wǒ kàn le.（这本书我看了。）

1.2.3　动词与所带的宾语，分写。例如：

kàn xìn（看信）chī yú（吃鱼）

动宾式合成词中间插入其他成分的，分写。例如：

jūle yīgè gōng（鞠了一个躬）lǐguo sān cì fà（理过三次发）

1.2.4　动词（或形容词）与后面的补语，两者都是单音节的，连写；其余情况，分写。例如：

gǎohuài（搞坏）dǎsǐ（打死）

zǒu jìnlái（走进来）zhěnglǐ hǎo（整理好）

1.3　形容词

1.3.1　单音节形容词与用来表示形容词生动形式的前附成分或后附成分，连写。例如：

mēngmēngliàng（蒙蒙亮）liàngtángtáng（亮堂堂）

1.3.2　形容词和后面的"些""一些""点儿""一点儿"，分写。例如：

dà xiē（大些）kuài yīdiǎnr（快一点儿）

1.4　代词

1.4.1　人称代词、疑问代词与其他词语，分写。例如：

Wǒ ài Zhōngguó.（我爱中国。）Tāmen huílái le.（他们回来了。）

1.4.2 指示代词"这""那",疑问代词"哪"和名词或量词,分写。例如:

zhè rén(这人) nà cì huìyì(那次会议)

指示代词"这""那""哪"与后面的"点儿""般""边""时""会儿",连写。例如:

zhèdiǎnr(这点儿) nàshí(那时)

1.4.3 "各""每""某""本""该""我""你"等与后面的名词或量词,分写。例如:

gè guó(各国) měi nián(每年)

wǒ xiào(我校) nǐ dānwèi(你单位)

1.5 数词和量词

1.5.1 汉字数字用汉语拼音拼写,阿拉伯数字则仍保留阿拉伯数字写法。例如:

èr líng líng bā nián(二〇〇八年) èr fēn zhī yī(二分之一)

sān diǎn yī sì yī liù(三点一四一六) 635 fēn jī(635 分机)

1.5.2 十一到九十九之间的整数,连写。例如:

shíyī(十一) jiǔshíjiǔ(九十九)

1.5.3 "百""千""万""亿"与前面的个位数,连写;"万""亿"与前面的十位以上的数,分写,当前面的数词为"十"时,也可连写。例如:

shí yì líng qīwàn èrqiān sānbǎi wǔshíliù/ shíyì líng qīwàn èrqiān sānbǎi wǔshíliù(十亿零七万二千三百五十六)

liùshísān yì qīqiān èrbǎi liùshíbā wàn sìqiān líng jiǔshíwǔ(六十三亿七千二百六十八万四千零九十五)

1.5.4 数词与前面表示序数的"第"中间,加连接号。例如:

dì-yī(第一) dì-shísān(第十三)

数词(限于"一"至"十")与前面表示序数的"初",连写。例如:

chūyī(初一) chūshí(初十)

1.5.5 代表月日的数词,中间加连接号。例如:

wǔ-sì(五四) yī'èr-jiǔ(一二·九)

1.5.6 数词和量词,分写。例如:

liǎng gè rén(两个人) yī dà wǎn fàn(一大碗饭)

数词、量词与表示约数的"多""来""几",分写。例如:

yībǎi duō gè(一百多个) shí lái wàn rén(十来万人)

"十几""几十"连写。例如:

shíjǐ gè rén(十几个人) jǐshí gēn gāngguǎn(几十根钢管)

两个邻近的数字或表位数的单位并列表示约数,中间加连接号。例如:

sān-wǔ tiān(三五天) qī-bāgè(七八个)

复合量词内各并列成分连写。例如:

réncì(人次) qiānwǎxiǎoshí(千瓦小时)

### 1.6 副词

副词与后面的词语,分写。例如:

hěn hǎo(很好) dōu lái(都来)

gānggāng zǒu(刚刚走) fēicháng kuài(非常快)

### 1.7 介词

介词与后面的其他词语,分写。例如:

zài qiánmiàn zǒu(在前面走) xiàng dōngbian qù(向东边去)

### 1.8 连词

连词与其他词语,分写。例如:

gōngrén hé nóngmín(工人和农民) tóngyì bìng yōnghù(同意并拥护)

Nǐ lái háishì bù lái?(你来还是不来?)

### 1.9 助词

#### 1.9.1 结构助词"的""地""得""之""所"等与其他词语,分写。其中,"的""地""得"前面的词是单音节的,也可连写。例如:

dàdì de nǚ'ér(大地的女儿)

Shāngdiàn li bǎimǎnle chī de、chuān de、yòng de./ Shāngdiàn li bǎimǎnle chīde、chuānde、yòngde.(商店里摆满了吃的、穿的、用的。)

#### 1.9.2 语气助词与其他词语,分写。例如:

Nǐ zhīdào ma?(你知道吗?) Zěnme hái bù lái a?(怎么还不来啊?)

#### 1.9.3 动态助词

动态助词主要有"着""了""过"。动态助词与前面的动词连写。例如:

jìnxíngguo(进行过)

### 1.10 叹词

叹词通常独立于句法结构之外,与其他词语分写。例如:

A! Zhēn měi!(啊! 真美!)

Ng,nǐ shuō shénme?(嗯,你说什么?)

### 1.11 拟声词

拟声词与其他词语,分写。例如:

"hōnglōng"yī shēng（"轰隆"一声）chánchán liúshuǐ（潺潺流水）

Dà gōngjī wōwō tí.（大公鸡喔喔啼。）"Dū—"qìdí xiǎngle.（"嘟—"汽笛响了。）

1.12　成语和其他熟语

1.12.1　成语通常作为一个语言单位使用,以四字文言语句为主。结构上可以分为两个双音节的,中间加连接号。例如:

fēngpíng-làngjìng（风平浪静）àizēng-fēnmíng（爱憎分明）

结构上不能分为两个双音节的,全部连写。例如:

céngchū-bùqióng（层出不穷）bùyìlèhū（不亦乐乎）

1.12.2　非四字成语和其他熟语内部按词分写。例如:

bēi hēiguō（背黑锅）yī bíkǒng chū qìr（一鼻孔出气儿）

zhǐ xǔ zhōuguān fàng huǒ,bù xǔ bǎixìng diǎn dēng（只许州官放火,不许百姓点灯）

2.人名地名拼写规则

2.1　人名拼写

2.1.1　汉语人名中的姓和名分写,姓在前,名在后。复姓连写。双姓中间加连接号。姓和名的首字母分别大写,双姓两个字首字母都大写。笔名、别名等,按姓名写法处理。例如:

Lǐ Huá（李华）Wáng Jiànguó（王建国）

Dōngfāng Shuò（东方朔）Zhūgě Kǒngmíng（诸葛孔明）

Zhāng-Wáng Shūfāng（张王淑芳）Lǔ Xùn（鲁迅）

2.1.2　人名与职务、称呼等,分写;职务、称呼等首字母小写。例如:

Wáng bùzhǎng（王部长）Tián zhǔrèn（田主任）

Guóqiáng tóngzhì（国强同志）Huìfāng āyí（惠芳阿姨）

2.1.3　"老""小""大""阿"等与后面的姓、名、排行,分写,分写部分的首字母分别大写。例如:

Xiǎo Liú（小刘）Lǎo Qián（老钱）

Dà Lǐ（大李）A Sān（阿三）

2.1.4　已经专名化的称呼,连写,开头大写。例如:

Kǒngzǐ（孔子）Bāogōng（包公）

2.2　地名拼写

2.2.1　汉语地名中的专名和通名,分写,每一分写部分的首字母大写。例如:

Běijīng Shì（北京市）Héběi Shěng（河北省）

Dòngtíng Hú(洞庭湖) Táiwān Hǎixiá(台湾海峡)

2.2.2 专名与通名的附加成分,如是单音节的,与其相关部分连写。例如:

Xīliáo Hé(西辽河) Jǐngshān Hòujiē(景山后街)

2.2.3 已专名化的地名不再区分专名和通名,各音节连写。例如:

Hēilóngjiāng(黑龙江〔省〕) Wángcūn(王村〔镇〕)

不需区分专名和通名的地名,各音节连写。例如:

Zhōukǒudiàn(周口店) Sāntányìnyuè(三潭印月)

2.3 非汉语人名、地名的汉字名称,用汉语拼音拼写。例如:

Wūlán fū(乌兰夫,Ulanhu) Jièchuān Lóngzhījiè(芥川龙之介,Akutagawa Ryunosuke)

Wūlǔmùqí(乌鲁木齐,Urumqi)Lúndūn(伦敦,London)

2.4 人名、地名拼写的详细规则,遵循《中国人名汉语拼音字母拼写规则》(GB/T 28039—2011),《中国地名汉语拼音字母拼写规则(汉语地名部分)》。

3.大写规则

3.1 句子开头的字母大写。例如:

Chūntiān láile.(春天来了。)

诗歌每行开头的字母大写。例如:

《Yǒude Rén》(《有的人》)

Zāng Kèjiā(臧克家)

Yǒude rén huózhe,(有的人活着,)

Tā yǐjīng sǐle;(他已经死了;)

Yǒude rén sǐle,(有的人死了,)

Tā hái huózhe。(他还活着。)

3.2 专有名词的首字母大写。例如:

Běijīng(北京) Qīngmíng(清明)

由几个词组成的专有名词,每个词的首字母大写。例如:

Guójì Shūdiàn(国际书店) Hépíng Bīnguǎn(和平宾馆)

在某些场合,专有名词的所有字母可全部大写。例如:

XIANDAI HANYU CIDIAN(现代汉语词典) BEIJING(北京)

LI HUA(李华) DONGFANG SHUO(东方朔)

3.3 专有名词成分与普通名词成分连写在一起的,是专有名词或视为专有名词的,首字母大写。例如:

Míngshǐ(明史) Hànyǔ(汉语)

Fójiào(佛教)　Tángcháo(唐朝)

专有名词成分与普通名词成分连写在一起的,是一般语词或视为一般词语的,首字母小写。例如:

guǎnggān(广柑)　jīngjù(京剧)

zhāoqín- mùchǔ(朝秦暮楚)　qiánlǘzhījì(黔驴之技)

4.缩写规则

4.1　连写的拼写单位(多音节词或连写的表示一个整体概念的结构),缩写时取每个汉字拼音的首字母,大写并连写。例如:

Běijīng(缩写:BJ)(北京)　ruǎnwò(缩写:RW)(软卧)

4.2　分写的拼写单位(按词或语节分写的表示一个整体概念的结构),缩写时以词或语节为单位取首字母,大写并连写。例如:

hànyǔ shuǐpíng kǎoshì(缩写:HSK)(汉语水平考试)

pǔtōnghuà shuǐpíng cèshì(缩写:PSC)(普通话水平测试)

4.3　为了给汉语拼音的缩写形式做出标记,可在每个大写字母后面加小圆点。例如:

Běijīng(北京)也可缩写:B.J. guójiā　biāozhǔn(国家标准)也可缩写:G.B.

4.4　汉语人名的缩写,姓全写,首字母大写或每个字母大写;名取每个汉字拼音的首字母,大写,后面加小圆点。例如:

Lǐ Huá(缩写:Lǐ H.或 LI H.)(李华)

Zhūgě Kǒngmíng(缩写:Zhūgě K.M.或 ZHUGE K.M.)(诸葛孔明)

5.标调规则

5.1　声调符号标在一个音节的主要元音(韵腹)上。韵母 iu、ui,声调符号标在后面的字母上面。在 i 上标声调符号,应省去 i 上的小点。例如:

āyí(阿姨)　cèlüè(策略)

kǎolǜ(考虑)　liúshuǐ(流水)

轻声音节不标声调。例如:

zhuāngjia(庄稼)　qīngchu(清楚)

5.2　"一""不"一般标原调,不标变调。例如:

yī jià(一架)　yī tiān(一天)

bù qù(不去)　bù duì(不对)

在语言教学等方面,可根据需要按变调标写。例如:

yī tiān(一天)可标为 yì tiān,bù duì(不对)可标为 bú duì。

5.3　ABB、AABB 形式的词语,BB 一般标原调,不标变调。例如:

lǜyóuyóu(绿油油) piàopiàoliàngliàng(漂漂亮亮)

有些词语的 BB 在语言实际中只读变调,则标变调。例如:

hóngtōngtōng(红彤彤) xiāngpēnpēn(香喷喷)

5.4 在某些场合,专有名词的拼写,也可不标声调。例如:

RENMIN RIBAO(人民日报) WANGFUJING DAJIE(王府井大街)

5.5 除了《汉语拼音方案》规定的符号标调法以外,在技术处理上,也可采用数字、字母等标明声调,如采用阿拉伯数字 1、2、3、4、0 分别表示汉语四声和轻声。

6.移行规则

6.1 移行要按音节分开,在没有写完的地方加连接号。音节内部不可拆分。例如:

guāngmíng(光明)移作"……guāng-

míng"(光明)

不能移作"……gu-

āngmíng"(光明)。

缩写词(如 GB,HSK,汉语人名的缩写部分)不可移行。

Wáng J. G.(王建国)移作"……Wáng

J. G."(王建国)

不能移作"……Wáng J.-

G."(王建国)。

6.2 音节前有隔音符号,移行时,去掉隔音符号,加连接号。例如:

Xī'ān(西安)移作"……Xī-

ān"(西安)

不能移作"……Xī'-

ān"(西安)。

6.3 在有连接号处移行时,末尾保留连接号,下行开头补加连接号。例如:

chēshuǐ- mǎlóng(车水马龙)移作"……chēshuǐ-

-mǎlóng"(车水马龙)

7.标点符号使用规则

汉语拼音拼写时,句号使用小圆点".",连接号用半字线"-",省略号也可使用3 个小圆点"…",顿号也可用逗号","代替,其他标点符号遵循《标点符号用法》(GB/T 15834—2011)的规定。

变通规则

1.根据识字需要(如小学低年级和幼儿汉语识字读物),可按字注音。

2.辞书注音需要显示成语及其他词语内部结构时,可按词或语素分写。例如:

chīrén shuō mèng(痴人说梦) wèi yǔ chóumóu(未雨绸缪)

shǒu kǒu rú píng(守口如瓶) Hēng-Hā èr jiàng(哼哈二将)

3.辞书注音为了提示轻声音节,音节前可标中圆点。例如:

zhuāng·jia(庄稼) qīng·chu(清楚)

如是轻重两读,音节上仍标声调。例如:

hóu·lóng(喉咙) zhī·dào(知道)

4.在中文信息处理方面,表示一个整体概念的多音节结构,可全部连写。例如:

guómínshēngchǎnzǒngzhí(国民生产总值)

shìjièfēiwùzhìwénhuàyíchǎn(世界非物质文化遗产)

结合《中文书刊名称汉语　拼音拼写法》(GB 3259—1992),在拼写中文名称汉语拼音时还要注意:

中文书刊名称是专名,根据专名拼写的原则,中文书刊名称的拼写,每个词第一个字母要大写;但是,虚词"的、和、之、与"可以小写。根据设计需要,所有字母也可全部大写。如《现代校对实务与技能》,可以注为 XIANDAI JIAODUI SHIWU YU JINENG,也可注为 Xiandai Jiaodui Shiwu yu Jineng。

为了区别"陕西"与"山西","陕西"的拼写可以采用中国地名委员会认可的特殊拼法,即"陕 Shan"的拼写中的 a 双写如陕西日报(Shaanxi Ribao)。

阿拉伯数字和外文字母照写。如赠给 18 岁诗人(Zenggei 18 Sui Shiren)。

中文书刊的汉语拼音名称一律横写;如果竖排,须将所有字母全部旋转 90°。

中文书刊名称的拼写可以不标声调。

### 2) 词语差错

常见的词语差错有:

①错用词语;

②褒贬不分;

③异形词选用不符合规范;

④生造词;

⑤错用成语。

**(1)错用词语**

①误解词义致误。作者或编辑在写作或编辑加工书稿时,因没弄清词义而造成误用。

请看下面三例：

a.他的研究成果解决了十多亿人的吃饭问题,令世界为之侧目。

b.中国军团在2010年广州亚运会囊括金牌199枚,位居金牌榜首位。

c.上海世博会如火如荼,无时无刻都在散发着迷人的魅力。

例a中"侧目"应改为"瞩目"之类的词语。所谓"侧目",是指斜目而视,形容愤恨或者畏惧的样子,它和"瞩目"完全是两回事。如果不特别注意,确实容易用错。

例b中"囊括"明显用词不当。"囊括"的意思是无一遗漏,只要不是将所有的金牌都收入囊中,就不能用"囊括"。

例c把"无时无刻"与"都"搭配使用是错误的。"无时无刻"是无一时无一刻的意思,其含义与"每时每刻"不同,用法也与后者不同。"每时每刻"常与"都"搭配,而"无时无刻"则须与"不"搭配才能表达肯定的意思。

汉语中有许多音同意异或意近的词语,使用时若不注意分辨,极易误用。请看下面三例：

a.截止下午5点,入园人数已超过30万。

b.我曾经在报纸上刊登过寻物启示,可至今都没有消息。

c.目前高品味的文学已在大众读者中提升了地位。

例a中"截止"应为"截至"。"截止"的意思是停止,一般用于某一时间之后,如"活动已于昨日截止";而用于某一时间之前的应当是"截至",如"截至昨日,已有上千人报名"。例b中"启示"应为"启事"。"启示"的意思是启发指示,使人有所领悟。而"启事"的意思则为公开声明某事而刊登在报刊上或张贴在墙壁上的文字。例c"品味"应为"品位"。"品味"一般用作动词,而"品位"一般用作名词。

②人名、地名、单位名称不规范。国内外人名、地名、单位名称在出版物中的使用频率较高,出错率也不低。中国人名、地名的写法要以《辞海》《中国人名大辞典》《中国地名辞典》及中国地图出版社出版的最新地图和地名录为准,中国人名、地名、单位名称的译名以《辞海》、中国地图出版社出版的最新地图和地名录、新华社译名手册为准,不能用音近形似的字随意替换规范名称。

例如不能将"爱迪生"写成"艾迪生","上海世博会沿黄埔江布局"中"黄埔江"应为"黄浦江","玻音公司"应为"波音公司"等。

另外,国名的误写不是小问题,编校人员也要严肃对待,并要准确把握一些国名的变化,做到不出差错。例如"乌兹别克"应为"乌兹别克斯坦","朝鲜人民共和国"应为"朝鲜民主主义人民共和国"。

**(2)异形词选用不符合规范**

异形词是指在现代汉语中并存并用、音同或音近、同义而异形的词语。在现代汉语书面语中存在大量的异形词,造成了书面语表达上的混乱。不仅在一般的报刊、书籍中存在,一些著名作家作品和很有权威的词典中也同样存在。有的著名作家在自己的作品中运用不同写法的异形词。例如,鲁迅在《论"费厄泼赖"应该缓行》中用"伶俐",在《祝福》中又用"怜悧";在《狂人日记》和《阿Q正传》中用"仔细",在《范爱农》中又用"子细"。有的著名作家甚至在同一篇作品中用不同写法的异形词。例如,曹禺在《雷雨》中既用"混账",又用"混帐";叶圣陶在《多收了三五斗》中既用"那么",又用"那末"。至于在词典中收录的异形词就更多了,这就给书面语的运用造成了不便。

过去异形词没有整理,给语言文字工作者带来不少麻烦。无论是教师、编辑、记者,还是文秘工作者,在这方面都有深刻的体会。例如,有一位报社的编辑曾经问我:"'大家已经入 zuò',该用'入座'还是'入坐'?词典中说'入坐'也作'入座',是以'入坐'为好;但是'对号入座',又用'入座'。"这真是个麻烦问题。词典本身就自相矛盾。现在国家发布的《第一批异形词整理表》采用了"入座",这样就不用再为写这个词为难了。

(3)生造词

生造词是别人杜撰出来的,不是交流中所需要的,意义也不够明确,它的出现会损害语言的纯洁与健康,是词汇规范化的对象。生造词与新造词不同,新造词是为适应社会发展的需要而创造的,意义明确,符合汉字的构词规律并被社会所认可。出版物中使用生造词会影响对文章的理解,不利于交流。

例如:那天晚上,大家躺在月光辉照的炕上,畅所欲言。句中"辉照"就是生造词,令人费解,应运用规范的词语。

(4)错用成语

在出版物中,成语的差错屡见不鲜。所谓成语是语言中经过长期使用、锤炼而形成的形式简洁而意思精辟的固定词组或短语。它是比词大而语法功能又相当于词的语言单位。而且富有深刻的思想内涵,简短精辟、易记易用,并常常附带有感情色彩,包括贬义和褒义。成语多数为四个字,也有三个字的以及四个字以上的成语,有的成语甚至是分成两部分,中间有逗号隔开。

成语的来源有以下几种:神话寓言、历史故事、诗文语句、口头俗语等,为避免成语使用错误,需注意以下几点。

①注意区别近义成语。成语相互间有意义上的差别,即使是意义相近、相关的成语,相互间仍然存在着语义轻重的不同、表达重点的不同、范围大小的不同,要注意区别。

例如:"信口开河"和"信口雌黄",两个成语都有"随口乱说"的意思,但"信口开河"只指随口乱说,语义较轻;"信口雌黄"含有不顾事实,恶意诬陷的意思,语义较重。又如"面面相觑""拭目以待""刮目相看""侧目而视""另眼相待"这一组成语,都有"看"义,但各有侧重:"面面相觑"是形容做错了事时或极其惊慌时,有关的人不知如何是好的样子;"拭目以待"是擦亮眼睛来等待,形容期望十分殷切或确信某件事情的出现;"刮目相看"指别人已有显著的进步,不能再用老眼光来看待;"侧目而视","侧目":斜着眼睛看人,不敢正视,形容敬畏的情态;"另眼相待"指用另外的眼光看待,形容对某人某事特别重视。再如"参差不齐"和"犬牙交错",都有不齐之义,但"参差不齐"指长短高低大小不齐;"犬牙交错"形容交界线很曲折,就像牙齿那样不齐,也形容多种因素牵连的复杂情况,或双方力量对比互有短长。

平时多区别这些近义成语,从中积累经验,归纳方法,形成语感,是十分必要的。

②注意辨别成语的使用范围和对象。中国成语数量虽多,但很多成语适用的对象和范围都很特殊,因而,在使用成语时,要注意辨别成语的使用范围和对象。像以下这些成语:

青梅竹马:现多指夫妻或恋人从小就相识。

妙手回春:指医术高明。

悬壶济世:指行医,治病救人。

草长莺飞:是形容江南暮春的景色。

折冲樽俎:指在外交谈判上取得胜利。

破镜重圆:指夫妻失散或决裂后重又团圆。

举案齐眉:形容夫妻互敬互爱。

美轮美奂:形容房屋高大美观,也形容装饰、布置等美好漂亮。

尾大不掉:比喻机构下强上弱,或组织机构庞大、涣散,指挥不灵。

名山事业:多指著书立说。

粉墨登场:化装上台演戏,今多指借机登上政治舞台(含讥讽意)。

椿萱并茂:指父母都健在。

首当其冲:比喻最先受到攻击,或遭遇灾难。

琵琶别抱:指妇女改嫁。

面目全非:形容事物的样子改变得很厉害(多含贬义)。

日理万机:每天处理大量要务、形容政务繁忙(指高级领导人)。

同日而语:放在同一时间谈论,指相提并论(多用于否定式)。

空穴来风:比喻消息和传说不是完全没有原因的,现多用来指消息和传说毫无根据。

长此以往：老是这样下去(多就不好的情况而言)。

③注意成语的多义性。词语有本义、比喻义、引申义等，成语也一样，在其发展过程中，由本义派生出其他的意思，从而使成语具有多义性。有些成语我们比较熟悉它的一个意思，对别的意思则不太了解。在平时，对这种成语要注意积累整理，从中找出规律，这样才能立于不败之地。譬如以下这些成语：

灯红酒绿：既可以形容寻欢作乐的腐化生活，也可以形容都市或娱乐场所夜晚的繁华景象。

如虎添翼：既比喻强大的，得到援助后更加强大；也比喻凶恶的，得到援助后更加凶恶。

绵里藏针：既形容柔中有刚，也比喻外表柔和，内心刻毒。

秀色可餐：既形容女子姿容非常美丽，也形容景物非常优美。

捉襟见肘：既形容衣服破烂，也形容困难重重，应付不过来。

如蚁附膻：形容许多人纷纷追求某种恶劣的事物或依附有钱有势的人。

比翼齐飞：既比喻夫妻恩爱，朝夕相伴，也比喻互相帮助，共同进步。

引火烧身：既比喻自讨苦吃，自取灭亡；也比喻主动暴露自己的问题，争取批评帮助。

品头论足：既指无聊的人随便谈论妇女的容貌，也比喻在细节上多方挑剔。

眉来眼去：既形容以眉眼来传情，也比喻暗中勾结。

明珠暗投：既指怀才不遇，好人失足参加了坏集团；也指珍贵的东西得不到赏识。

念念有词：既指旧时迷信的人小声念咒语或说祈祷的话，也指人不停地自言自语。

平地一声雷：既比喻名声地位突然升高，使人震惊，也比喻突然发生一件惊人的大事。

④注意成语的感情色彩。词语的色彩既指词语的褒义贬义和中性的特点，也指词语的书面色彩和口语色彩。正是因为词语的这种多姿多彩，造就了汉语言的多姿多彩，灵动活泼。在具体使用中，有些成语的感情色彩一望可知，但有些成语，却颇费猜量。因此，辨别成语的感情色彩，在使用成语的过程中，就显得十分重要。辨别成语的感情色彩，最重要的一点，就是根据成语的意思来辨别，舍此，就是舍本逐末。譬如以下这些成语：

暴虎冯河："暴虎"，空手打虎；"冯河"，徒步涉河。比喻有勇无谋，冒险蛮干。贬义词。

趋之若鹜：比喻许多人争着去追逐某种事物。贬义词。

弹冠相庆：指一人做了官或升了官，他的同伙也互相庆贺将有官可做。贬义词。

始作俑者：比喻恶劣风气的创始者。贬义词。

如丧考妣：（因为损失一点利益）像失去父母一样伤心和着急。贬义词。

连篇累牍：形容叙述的篇幅过多、过长。贬义词。

推波助澜：比喻促使或助长事物（多指坏的事物）发展，使扩大影响。贬义词。

虎视眈眈：形容贪婪而凶狠地注视。贬义词。

胸无城府：形容心中没有城府，光明磊落。褒义词。

文不加点：形容写文章很快，不用涂改就写成了。褒义词。

牛溲马勃：比喻虽然微贱但是很有用的东西。褒义词。

金科玉律：比喻不能变更的信条或法律条文。褒义词。

在使用成语的过程中，还要注意区分谦辞和敬辞，譬如："抛砖引玉"，是谦辞；"蓬荜生辉"是敬辞，不可以混淆。谦辞是对自己言行的一种谦虚的说法；敬辞则是对他人言行的一种恭敬的说法。

此外，还要注意多义成语的感情色彩，因为其多义，因而，它的感情色彩也就不同：例如，当"灯红酒绿"是指寻欢作乐的腐化生活时，应作贬义词；是指都市或娱乐场所夜晚的繁华景象时，应作褒义词。"绵里藏针"的词义是形容柔中有刚时，它是褒义词；是外表柔和，内心刻毒的意思时，它是贬义词。

⑤注意成语的源出，分辨其含义。中国的成语，往往源自古代的一些典故，它的词义与典故有着莫大的关联，要准确地把握成语的词义，就必须探源，而不能望文生义。下面这些成语就很好地说明了这一点：

登堂入室，源于《论语》："子曰：'由之瑟奚为于丘之门？'门人不敬子路。子曰：'由也升堂矣，未入于室也。'"孔子用"入门""升堂""入室"来比喻在学习上的由浅入深的三个阶段。后用"升堂入室"比喻学问或技能由浅入深，循序渐进，达到了高深的地步。

目无全牛，《庖丁解牛》里说，庖丁给文惠君解牛，动作和声响，像音乐一样有节奏。文惠君大为惊叹。庖丁说："始臣之解牛时，所见无非牛者；三年之后，未尝见全牛。"后来就用"目无全牛"比喻技艺达到了极其纯熟的地步，得心应手的境界。

赔了夫人又折兵，源出《三国演义》，周瑜把孙权的妹妹许给刘备，让刘备到东吴来招亲，打算乘机扣留，夺还荆州。结果刘备到东吴成婚后，设计带着夫人逃了出来。所以蜀国士兵讥笑说："周郎妙计安天下，赔了夫人又折兵。"后即用以比喻想占便宜,没有占到便宜,反而遭受损失。

豁然开朗,源自晋代陶潜《桃花源记》:"初极狭,才通人;复行数十步,豁然开朗。"形容一下子现出开阔明朗的境界。

火中取栗,17世纪法国寓言诗人拉·封登的寓言《猴子与猫》中说,猴子骗猫给它取出火中的栗子。结果猫不但没有吃到,反倒把脚上的毛烧掉了。冒危险给别人出力,自己却上了大当,一无所得。也指冒险行事,使自己蒙受损失。

⑥注意成语的结构,判别成语的词性。成语的结构不同,意义、用法也不同。例如:

"固若金汤""铜墙铁壁"都形容十分坚固,不可摧毁,但两者结构不同,"固若金汤"是主谓式,多作谓语、定语、状语;"铜墙铁壁"是联合式,多作宾语、主语。如:

固若金汤:解放战争时期,国民党吹嘘天津城防固若金汤,但人民解放军进攻仅29小时,就全歼了守军。

铜墙铁壁:在井冈山斗争时期,军民团结战斗,把根据地建设得像铜墙铁壁一样。

"何足挂齿""不足挂齿"都有"不值一提"之义,但"何足挂齿"一般用于反诘句,而"不足挂齿"则不限。如:

何足挂齿:提辖恩念,杀身难报,量些粗食薄味,何足挂齿。

不足挂齿:这点小事,不足挂齿,请你不要再提起。

"一语道破""一语中的"都有"说话简洁,抓住了本质"的意思,但前者能带宾语,后者不能带宾语。如:

一语道破:老王一语道破了校长的秘密。

一语中的:老马的话一语中的,把解决问题的关键指出来了。

这样的成语还有很多,平时要注意积累归纳,对这个问题有一个比较明确的认识,就能取得事半功倍的效果。

### 3)语法错误

包括词法错误和句法错误。

常见的词法错误有:

①名词、动词、形容词使用不当;

②数量表达混乱;

③指代不明;

④副词、介词、连词使用不当。

**(1) 名词、动词、形容词使用不当**

主要表现为名词误用为形容词、动词,形容词误用为动词、名词,动词误用为形容词、名词,不及物动词误用为及物动词。

例如:

①海边的景象多么奇观啊!

②在体育方面,他是全班第一的积极。

③他会不会信守诺言,这还是一个怀疑。

④在这座城市的东部,先后竣工了几栋写字楼。

例①"奇观"为名词,在句中误当形容词用了,可将"奇观"改为"壮观"。例②"积极"是形容词,不能作"是"的宾语,"第一"也不能限制修饰形容词"积极",全句可改为"在体育方面,他是全班最积极的。"例③中"怀疑"是动词,误用为名词了,可改为"疑问"。例④中"竣工"是不及物动词,误用为及物动词,可改为"建成"。

**(2) 数量表达混乱**

例如:

①该企业的总产值比去年同期降低了 2 倍。

②老俩口每天坚持锻炼,身体很硬朗。

③家乡建起了近五万多立方米的水库。

例①倍数只能表示数量的增加,表示数量的减少可以用分数或百分比。例②"老俩口"应改为"老两口",因为"俩"意为"两个"。例③既说"近"又说"多",前后矛盾。

**(3) 指代不明**

例如:

①张总和李总正在商榷战略方案,他完全同意他的看法。

②电视节目有令人疲惫不堪的,也有令人兴奋不已的,还有叫人恋恋不舍的。下面介绍的一幅漫画就是描写这种节目的。

例①两个"他"指代不明。例②前一句提到三种类型的节目,后一句中"这种"具体指哪一种类型的节目不明确。

**(4) 副词、介词、连词使用不当**

例如:

①新班主任同以前的班主任一样,更会关心学生。

②经过刻苦努力,他的六门功课平均成绩都在九十分以上。

③在书店,你可以找到很多对于出版方面的图书。

④汉语虚词可以分为介词、助词、连词或语气词四类。

⑤尽管你的计划订得多好，不切合实际有什么用？

例①"更"是表示程度增加的副词，用于表达比较的意义，两个班主任是"一样的"，没有比较的意思，可将"更"改为"很"等表示程度的副词。例②副词"都"表示总括，被总括的对象必须是复数，而"平均成绩"是单数，后面不能用"都"，应将其去掉。例③中"对于"应改为"关于"。例④汉语虚词四类是并列的，要将"或"改成"和"。例⑤连词"尽管"表示让步关系，而本句的前一分句表示的是无条件的关系，要把"尽管"改为"不管"。

常见的句法错误有：

①搭配不当；

②成分多余或残缺；

③语序不当；

④句式杂糅；

⑤歧义；

⑥不合事理。

### （5）搭配不当

搭配不当是指句子相关成分在意义上或语言习惯上不能配合，或者是搭配在一起不合事理。主要表现在主谓搭配不当、动宾搭配不当、主宾搭配不当、定中搭配不当等。例如：

①春风一阵阵地吹来，树枝摇曳着，月光、树影一齐晃动起来，发出沙沙的声响。

②汉武帝在政治上采取了一系列卓有成效的改革。

③世界是一个永远不停地运动、变化和转化的过程。

④他丰富的发言，吸引着所有的听众。

⑤观众们的心都在热烈地跳动着。

⑥你只要深思熟虑一下，这个道理是不难领会的。

例①第三分句的主语"月光、树影"，在第四分句里被暗中更换了，因为"月光、树影"是无法发出声响的。应该将换掉的主语，根据上下文或日常逻辑予以补上，改为"春风一阵阵地吹来，树枝摇曳着，月光、树影一齐晃动起来，周围发出沙沙的声响。"例②充当动语的"采取"与宾语中心"改革"，语义上不能贯通，因为"采取"经常同"措施""方法""步骤"等词语配搭，"改革"经常同"开始""进行"等词语配搭。应改为"汉武帝在政治上采取了一系列卓有成效的改革措施。"例③主语"世界"与宾语中心语"过程"不发生类属关系，所构成的"世界是过程"，有悖逻辑。应改为"世界发展的过程是一个永远不停地运动、变化和转化的过程。"或改为"世界是永远不停地运动、变化和转化的。"例④主语中的定语"丰富"与主语中心语"发言",语义上搭配不当。应改为"他精彩的发言,吸引着所有的听众。"例⑤谓语中的状语"热烈"与谓语中心语"跳动",语义上不相应。应改为"观众们的心都在激烈地跳动着。"例⑥第一分句谓语中的补语"一下"与谓语中心"深思熟虑"语义相悖。应改为"你只要好好考虑一下,这个道理是不难领会的。"

**(6)成分多余或残缺**

成分多余是指多了某个成分而使句子意思不清楚;成分残缺是指不符合隐含、省略的条件而缺少应有的语法成分。例如:

①国庆之夜,到处张灯结彩,人来人往也特别多。

②全国人民决心以实际行动热烈庆祝中华人民共和国成立六十周年的到来。

③她来到深圳打工后,坚持上业余夜校,刻苦钻研技术,终于成为一名合格的工人。

④看到老师们忘我工作的情景,使我很受感动。

⑤为适应专业改造的要求,我校必须建立新的规章制度等一系列工作。

⑥在我们遇到困难,他总是想方设法地帮助我们解决问题。

例①谓语多余。应改为"国庆之夜,到处张灯结彩,人来人往。"例②宾语中心语多余。应改为"全国人民决心以实际行动热烈庆祝中华人民共和国成立六十周年。"例③第一分句的宾语中定语多余。应改为"她来到深圳打工后,坚持上夜校,刻苦钻研技术,终于成为一名合格的工人。"例④因使用"使"字不当而造成主语残缺。可改为"看到老师们忘我工作的情景,我很受感动。"例⑤"建立新的规章制度等一系列工作"是同位短语,充当宾语,句中因没有谓语动词充当动语而使宾语无所支配。应改为"为适应专业改造的要求,我校必须做好建立新的规章制度等一系列工作。"例⑥状语不完整。应改为"在我们遇到困难的时候,他总是想方设法地帮助我们解决问题。"

**(7)语序不当**

语序不当是指词语在句子中的位置不当。例如:

①这次会议对引进外资问题交流了广泛的经验。

②几个小孩游玩在月光照耀的街道上。

③几个值日生擦好了洁白通亮的玻璃窗。

④我把张老先生家里珍藏的古书几次借来看。

例①定状错置,"广泛"是"交流"的状语,应让它复位,改为"这次会议对引进外资问题广泛地交流了经验。"例②状补错置,"在月光照耀的街道上"应是"游玩"

的状语,应让它复位到状语的语序上,改为"几个小孩在月光照耀的街道上游玩。"例③误把补语放在了定语的位置上,"洁白通亮"是"擦"的结果,应复位改为"几个值日生把玻璃窗擦得洁白通亮。"例④多层状语语序混乱,对象状语要求紧挨着谓语中心语,应改为"我几次把张老先生家里珍藏的古书借来看。"

(8) 句式杂糅

句式杂糅就是将两个或两个以上句式不同、结构各异的短语或句子混杂、纠缠在一起,造成关系套叠、表意不清。例如:

①雷锋同志有善于挤和善于钻的"钉子"精神作为我们学习的榜样。

②这次暑期学习研讨班的学员,除本研究所有关人员外,还有来自其他高校和研究机构的教师、研究生和科技工作者也参加了学习。

③当上级宣布我们摄制组成立并交给我们任务的时候,我们大家有既光荣又愉快的感觉是颇难形容的。

例①前一句话是"雷锋同志有善于挤和善于钻的'钉子'精神",后一句话是"善于挤和善于钻的'钉子'精神是我们学习的榜样",可改为:"雷锋同志善于挤和善于钻的'钉子'精神是我们学习的榜样。"或者改为:"雷锋同志有善于挤和善于钻的'钉子'精神,这是我们学习的榜样。"

例②句式杂糅,"这次暑期学习研讨班的学员,除本研究所有关人员外,还有来自其他高校和研究机构的教师、研究生和科技工作者"与"来自其他高校和研究机构的教师、研究生和科技工作者也参加了学习"两句话混杂在一起,可将"也参加了学习"去掉。

例③中把"有既光荣又愉快的感觉"与"感觉是颇难形容的"两种表达句式杂糅在了一起。修改的方法为选择两句话中的其中一句话即可。

(9) 歧义

歧义是指句子包含两种或两种以上的意义,以致可作多种理解。例如:

①姐姐借他十块钱。

②校长、副校长和其他学校领导出席了今天的研讨会。

例①运用了多义词"借"而造成歧义。可改为"姐姐借给他十块钱。"或改为"姐姐向他借了十块钱。"例②运用了多义短语"其他学校领导"而造成歧义。可改为"校长、副校长和其他学校的领导出席了今天的研讨会。"或改为"校长、副校长和学校的其他领导出席了今天的研讨会。"

(10) 不合事理

不合事理是指句子的意思在事理上说不过去。例如:

①这里是远离祖国的边疆,却又紧紧联系着祖国的心脏。

②这些话虽然有点言过其实,但还是比较确切地反映了我国的研究现状。

③我们的报刊、电视等媒体,更有责任做出表率,杜绝用字不规范的现象,增强使用语言文字的规范意识。

例①"边疆"是"祖国"的靠近国界的领土,是祖国领土的一部分,不可能"远离祖国"。例②"言过其实"的意思是话说得过分,不符合实际情况,和"比较确切"自相矛盾。例③要先说"增强使用语言文字的规范意识",后说"杜绝用字不规范的现象",才符合事理。

### 4) 数字使用差错

数字分为阿拉伯数字和汉字数字,数字使用错误主要体现为两者的混用,即该用汉字数字的地方用了阿拉伯数字,而该用阿拉伯数字的地方用了汉字数字。《出版物上数字用法》(GB/T 15835—2011)是判断数字使用正误的国家标准,但对不同类型的出版物有不同的要求:

①《出版物上数字用法》(GB/T 15835—2011)适用于各类出版物(文艺类出版物和重排古籍除外);②根据《出版物上数字用法》(GB/T 15835—2011),阿拉伯数字和汉字数字应按以下一般原则进行区分,从而避免两者误用。

**(1)选用阿拉伯数字的情形**

①用于计量的数字

在使用数字进行计量的场合,为达到醒目、易于辨识的效果,应采用阿拉伯数字。

示例1:-125.0334.05%63%~68%1:500 97/108

当数值伴随有计量单位时,如:长度、容积、面积、体积、质量、温度、经纬度、音量、频率等等,特别是当计量单位以字母表达时,应采用阿拉伯数字。

示例2:523.56 km(523.56 千米) 346.87 L(346.87 升)

②用于编号的数字

在使用数字进行编号的场合,为达到醒目、易于辨识的效果,应采用阿拉伯数字。

示例:电话号码:98888　　邮政编码:100871

图书编号:ISBN 978-7-80184-224-4　　刊物编号:CN11-1399

③已定型的含阿拉伯数字的词语

现代社会生活中出现的事物、现象、事件,其名称的书写形式中包含阿拉伯数字,已经广泛使用而稳定下来,应采用阿拉伯数字。

示例:3G 手机　　MP3 播放器　　G8 峰会

（2）选用汉字数字的情形

①非公历纪年

干支纪年、农历月日、历史朝代纪年及其他传统上采用汉字形式的非公历纪年等等，应采用汉字数字。

示例：丙寅年十月十五日　　庚辰年八月五日　　腊月二十

②概数

数字连用表示的概数、含"几"的概数，应采用汉字数字。

示例：三四个月　　一二十个　　四十五六岁　　五六万套

③已定型的含汉字数字的词语

汉语中长期使用已经稳定下来的包含汉字数字形式的词语，应采用汉字数字。

示例：万一　　三叶虫　　四书五经　　星期五

**（3）阿拉伯数字与汉字数字均可使用的情形**

如果表达计量或编号所需要用到的数字个数不多，选择汉字数字还是阿拉伯数字在书写的简洁性和辨识的清晰性两方面没有明显差异时，两种形式均可使用。

示例：17 号楼（十七号楼）3 倍（三倍）

第 5 个工作日（第五个工作日）

如果要突出简洁醒目的表达效果，应使用阿拉伯数字；如果要突出庄重典雅的表达效果，应使用汉字数字。

示例：北京时间 2008 年 5 月 12 日 14 时 28 分

十一届全国人大一次会议（不写为"11 届全国人大 1 次会议"）

在同一场合出现的数字，应遵循"同类别同形式"原则来选择数字的书写形式。如果两数字的表达功能类别相同（比如都是表达年月日时间的数字），或者两数字在上下文中所处的层级相同（比如文章目录中同级标题的编号），应选用相同的形式。反之，如果两数字的表达功能不同，或所处层级不同，可以选用不同的形式。

示例：2008 年 8 月 8 日二〇〇八年八月八日（不写为"二〇〇八年 8 月 8 日"）

第一章第二章……第十二章（不写为"第一章 第二章……第 12 章"）

应避免相邻的两个阿拉伯数字造成歧义的情况。

示例：高三 3 个班 高三三个班（不写为"高 33 个班"）

有法律效力的文件、公告文件或财务文件中可同时采用汉字数字和阿拉伯数字。

示例：2008 年 4 月保险账户结算日利率为万分之一点五七五零（0.015750%）

35.5 元（35 元 5 角　　三十五元五角　　叁拾伍圆伍角）

《出版物上数字用法》(GB/T 15835—2011)对数字形式的使用也作出了规定。

(1)阿拉伯数字的使用

①多位数

为便于阅读,四位以上的整数或小数,可采用以下两种方式分节:

第一种方式:千分撇

整数部分每三位一组,以",",分节。小数部分不分节。四位以内的整数可以不分节。

示例:624,000 92,300,000 19,351,235.235767 1256

第二种方式:千分空

从小数点起,向左和向右每三位数字一组,组间空四分之一个汉字,即二分之一个阿拉伯数字的位置。四位以内的整数可以不加千分空。

示例:55 235 367.346 23 98 235 358.238 368

②纯小数

纯小数必须写出小数点前定位的"0",小数点是齐阿拉伯数字底线的实心点"."。

示例:0.46 不写为.46 或 0。46

③数值范围

在表示数值的范围时,可采用波浪式连接号"~"或一字线连接号"—"。前后两个数值的附加符号或计量单位相同时,在不造成歧义的情况下,前一个数值的附加符号或计量单位可省略。如果省略数值的附加符号或计量单位会造成歧义,则不应省略。

示例:-36~-8 ℃    400—429 页    100—150 kg

9 亿~16 亿(不写为9~16 亿)

④年月日

年月日的表达顺序应按照口语中年月日的自然顺序书写。

示例:2008 年 8 月 8 日    1997 年 7 月 1 日

"年""月"可按照《数据元和交换格式 信息交换 日期和时间表示法》(GB/T 7408—2005)的 5.2.1.1 中的扩展格式,用"-"替代,但年月日不完整时不能替代。

示例:2008-8-8    1997-7-1

8 月 8 日(不写为 8-8)    2008 年 8 月(不写为 2008-8)

四位数字表示的年份不用简写为两位数字。

示例:"1990 年"不写为"90 年"

月和日是一位数时,可在数字前补"0"。

示例：2008-08-08　　　1997-07-01

⑤时分秒

计时方式即可采用 12 小时制，也可采用 24 小时制。

示例：11 时 40 分（上午 11 时 40 分）

21 时 12 分 36 秒（晚上 9 时 12 分 36 秒）

时分秒的顺序应按照口语中时、分、秒的自然顺序书写。

示例：15 时 40 分　　14 时 12 分 36 秒

"时""分"也可按照《数据元和交换格式　信息交换　日期和时间表示法》（GB/T 7408— 2005）的 5.3.1.1 和 5.3.1.2 中的扩展格式，用"："替代。

示例：15：40　　14：12：36

⑥含有月日的专名

含有月日的专名采用阿拉伯数字表示时，应采用间隔号"·"将月、日分开，并在数字前后加引号。

示例："3·15"消费者权益日

⑦书写格式

出版物中的阿拉伯数字，一般应使用正体二分字身，即占半个汉字位置。

一个用阿拉伯数字书写的数值应在同一行中，避免被断开。

竖排文字中的阿拉伯数字按顺时针方向转 90 度。旋转后要保证同一个词语单位的文字方向相同。

**（2）汉字数字的使用**

①概数

两个数字连用表示概数时，两数之间不用顿号"、"隔开。

示例：二三米　　一两个小时　　三五天

②年份

年份简写后的数字可以理解为概数时，一般不简写。

示例："一九七八年"不写为"七八年"

③含有月日的专名

含有月日的专名采用汉字数字表示时，如果涉及一月、十一月、十二月，应用间隔号"·"将表示月日的数字隔开，涉及其他月份时，不用间隔号。

示例："一二·八"事变　　"一二·九"运动　　五一国际劳动节

④大写汉字数字

大写汉字数字的书写形式：

零、壹、贰、叁、肆、伍、陆、柒、捌、玖、拾、佰、仟、万、亿大写汉字数字的适用场合：

法律文书和财务票据上,应采用大写汉字数字形式记数。

示例:3,504(叁仟伍佰零肆圆)

39,148(叁万玖仟壹佰肆拾捌圆)

⑤"零"和"○"

阿拉伯数字"0"有"零"和"○"两种汉字书写形式。一个数字用作计量时,其中"0"的汉字书写形式为"零",用作编号时,"0"的汉字书写形式为"○"。

示例:"3052(个)"的汉字数字形式为"三千零五十二"(不写为"三千○五十二")

"公元2012(年)"的汉字数字形式为"二○一二"(不写为"二零一二")

**(3)阿拉伯数字与汉字数字同时使用**

如果一个数值很大,数值中的"万""亿"单位可以采用汉字数字,其余部分采用阿拉伯数字。

示例:我国1982年人口普查人数为10亿零817万5 288人。

除上面情况之外的一般数值,不能同时采用阿拉伯数字与汉字数字。

示例:108可以写作"一百零八",但不应写作"1百零8"或"一百08"

4 000可以写作"四千",但不能写作"4千"。

**5)标点符号使用差错**

常见的标点符号有十七种,分为点号和标号两大类,其中,点号有句号、问号、叹号、逗号、顿号、分号、冒号七种,标号有引号、括号、破折号、省略号、着重号、连接号、间隔号、书名号、专名号、分隔号十种。常用的标点符号错误主要是点号使用错误。判别标点符号使用正误可依据国家标准《标点符号用法》(GB/T 15834—2011)。

常见的点号使用差错有:

**(1)句号的误用**

句号的误用主要表现在一逗到底,是句子而不句断;不是句子而用了句号。例如:

①已经25岁了,我终于成为专业歌剧演员,遗憾的是,没唱几年歌剧,领导却让我改唱评剧,由于唱法路子不对而毁了嗓子,终于被迫离开我喜爱的舞台。

②电视短剧《荷花》通过一个卖扇子的小女孩同小偷勇敢斗争的故事。表现了小女孩的纯洁、善良、勇敢的性格。反映了小女孩高尚的情操和美好的心灵。

例①是由三个句子组成的,"演员"和"评剧"后的标点应改为句号。例②是一个单句,句子中间的两个句号应改为逗号。

(2)逗号的误用

逗号的误用有五种情形。

①并列词语之间的停顿,应当用顿号,而误用了逗号。例如:

笑声,歌声,嬉闹声,响彻了山谷。

句中前两个逗号应改为顿号,第三个逗号应删去。

②复句内部并列分句之间的停顿,应当用分号,而误用了逗号。例如:

理论,来源于实践,实践,要靠理论来指导。

句中"来源于实践"后面的逗号应改为分号。

③提示性话语之后的停顿,应当用冒号,而误用了逗号。例如:

我一面按照他的指示挖战壕,一面想,总司令身经百战,这一仗一定会打胜的。

句中"一面想"后面的逗号应改为冒号。

④不该停顿的地方用了逗号。例如:

总之,这部文集,触及了当代一系列重大的学术问题,相信有心的读者,会从中得到深刻的启示。

句中"文集"和"读者"后面的逗号应删去。

⑤该停顿的地方没用逗号。例如:

我在武汉听了毛委员演说三个月之后又在郑州听到谭延闿对湖南农民运动的恶毒攻击……

句中"演说""之后"后面都应加逗号。

(3)分号的误用

判别分号用法正误,要掌握三个原则:①从层次上看,句号>分号>逗号>顿号;②分号不用在普通单句中;③分号一般用在并列复句里,被分号隔开的各分句中,至少应当有一组内部有逗号。分号的误用主要有下面四种情形。

①并列词语间要用顿号或逗号,而误用分号。例如:

《茶馆》中人物的对话;《红旗谱》中环境的点染;《创业史》里的铺叙议论,都十分富有特色。

句中并列短语作主语,短语内的两个分号均应改为逗号。

②非并列关系的单重复句内分句间误用分号。非并列关系的多重复句的第一层可以使用分号,为的是分清分句间的结构关系。单重复句不存在这个问题,所以不能使用分号。例如:

去年12月13日,在河北省香河县公安局的配合下,通州区公安局查获了盗窃高压电线路铁塔塔材的案件;抓获犯罪分子二十余人。

句中分号应改为逗号。

③不在第一层的并列分句间误用了分号。分句间用不用分号,要看并列分句是不是在第一层上,不在第一层上就不能用分号。例如:

对于一切犯错误的同志,要历史地全面地评价他们的功过是非,不要一犯错误就全盘否定;也不要纠缠历史上发生过而已经查清的问题。

句中第一层分界在"功过是非"的后面。"不要"与"也不要……"之间不能用分号。

④应该用句号断开的两个独立的句子间误用了分号。例如:

这样的豪言壮语,究竟出自谁人之口呢? 不是别人,正是林彪;它是赤裸裸的反马克思主义的谬论。

句中"林彪"后面的分号应改为句号,因为前后是两个独立的句子。

**(4) 顿号的误用**

用顿号隔开的并列词语可以充当各种句法成分。并列词语间的停顿,也可以用逗号。停顿较长时用逗号,停顿较短时用顿号,难以分清长短时,一般用顿号。顿号的误用主要有六种情形。

①非并列词语间误用顿号。例如:

入冬以来,丰台公安分局先后共查获非法制造、贩运、禁放烟花爆竹的治安案件八起。

句中"非法制造""贩运"是并列词语,"禁放烟花爆竹"是它的宾语,不属于并列词语,中间不应用顿号。

②没有停顿的并列词语间误用了顿号。例如:

他们过着牛、马不如的生活。

句中"牛马"是合并式简称,没有停顿,不应用顿号。

③不同层次的停顿都使用顿号,混淆了结构层次。例如:

中央顾问委员会秘书长、国家体委顾问荣高棠、国家体委主任李梦华和中华全国体育总会主席钟师统等应邀参加十佳运动员评选揭晓和发奖大会。

句中三位领导人的名字,构成第一层的并列关系,荣高棠的两个职衔构成第二层的并列关系。第一层用逗号,第二层用顿号,不能都用顿号。

④并列成分中又有另一层次的并列成分时,都用了顿号。例如:

全国人大常委会又颁布了禁毒决定,对制造、贩卖、运输、非法持有毒品、非法种植罂粟、大麻等原植物、引诱、教唆他人吸食、注射毒品等,都作了严厉的处罚规定。

句中"非法持有毒品"和"原植物"后面两个顿号都用错了,均应改为逗号。

⑤相邻的数字连用表示一个概数,误用顿号隔开。例如:

我们曾经去过六、七个这样的购物中心,看到二、三十位老人……

句中"六""七"连用表示概数;"二三十"即"二十以上三十以下",也表示一个概数,都不能用顿号隔开,隔开了就变成"六和七个""二和三十位",意思就变了。

⑥在一些题序后面误用了顿号。例如:

第一、第二、首先、其次、(顿号应改为逗号。)

(一)、(二)、(三)、(1)、(2)、(3)、①、②、③、(这些序号既然用了括号,就不必再加顿号。)

1、2、3、A、B、C、(顿号应改为下脚圆点号。)

**(5)问号的误用**

问号的误用主要是把非疑问句误作疑问句。这种情况多发生在有"谁""哪""什么""怎么""怎样"等疑问词和带有"是……还是"疑问结构的句子里。例如:

①他不得不认真思考企业的生产为什么会滑坡? 怎样才能扩大产品的销路?

②关于什么是智力? 国内外争论多年也没有定论。

③他独自走着,低着头,分不清天上下的是雨,是雪,还是雪珠儿?

例①第一个问号应改为逗号,句末的问号应改为句号。例②前面的问号应改为逗号。例③句末的问号应改为句号。

**(6)叹号的误用**

叹号的误用多发生在语气舒缓的祈使句、陈述句和反问句中。例如:

①小李——你还是多休息几天再上班吧!

②实践告诉我们:只有开拓技术市场,实行技术商品化,才能使科学技术迅速转化为生产力!

例①是一个语气舒缓的祈使句,句末叹号应改为句号。例②是一个语气舒缓的陈述句,句末叹号应改为句号。

**(7)冒号的误用**

冒号的误用表现在下面五种情形中:

①"某某说"插在引文的中间,"说"字后面用了冒号。例如:

"唔。"老张一面听,一面应,一面伸手过来说:"你给我吧。"

句中"说"字后面的冒号应改为逗号。

②在没有停顿的地方用了冒号。例如:

我跳下车来,说了声:"忠爷爷再见!"就往家里走去。

句中"说了声"后面的冒号应删去。

③在一个句子里出现了两重冒号。例如：

也还有另一种观点：当作品涉及某些阴暗现象的时候,有的同志会说："你写的现象虽然是真实的,但要考虑文艺的党性原则。"

句中第一个冒号应改为句号。

④该用冒号的地方没用冒号。例如：

企业长期亏损,出路只有一条,改革。

句中提示性话语"出路只有一条"后面的逗号应改为冒号。

⑤冒号(：)误为比号(∶)。

**(8)引号的误用**

引号的作用有两个：一是把引文和本文区别开来;二是表示词语的特殊含义。为了分清引文的层次,规定第一层引文用双引号,引文中的引文用单引号。引号的误用主要有以下情形：

①上下引号不配套,即：有上引无下引或有下引无上引,单双引混用,上下引一顺,等等。

三险一金",是指基本养老保险费、基本医疗保险费、失业保险费和住房公积金。(只有下引号,无上引号)

②引文末尾标点位置混乱。例如：

古人云："多行不义必自毙"。(整句引文,末尾的句号应置于引号里面。)

大革命虽然失败了,但火种犹存。共产党人"从地下爬起来,擦干净身上的血迹,掩埋好同伴的尸首,他们又继续战斗了。"(局部引文,末尾的句号应置于引号外面。)

③转述的文字加了引号。例如：

老太太说,"她儿子是个工人,出来好几年了,她是第一次来抚顺。"(删去引号,或将引号内第三人称的"她"改为第一人称的"我"。)

④带有特殊含义(比喻义或贬义)的词语未加引号。例如：

自私,不听从合理的指导,没有自尊心,都是性格上很大的弱点。这些弱点都是老牌的慈母送给她们孩子的恩物。("慈母"和"恩物"都带有贬义,应当加引号。)

**(9)括号的误用**

括号的误用除了不配套外就是位置不适当。

①句内括号放在了句外。例如：

唯心论历来反映剥削阶级的利益,代表剥削阶级的意识形态,是"反动派的武

器,反动派的宣传工具"。(列宁:《我们的取消派》)

小括号内的内容应放在句号前面。

②括号离开了被注释的文字。例如:

不久,国民议会迁到法皇的内宫凡尔赛去(在巴黎城西南18千米处)。

句中括号应放在"去"字前面。

(10)省略号的误用

省略号的误用除了形状不合规定(不是六个连点)外,还有两种情形。

①省略号前后保留了顿号、逗号、分号。例如:

雄伟庄严的人民大会堂,是首都最著名的建筑之一,……。它那壮丽的廊柱,淡雅的色调,以及四周层次繁多的建筑立面,组成了一幅绚丽的图画。(省略号前后的标点均应删去。)

②省略号与"等""等等"并用。例如:

在另一领域中,人却超越了自然力,如飞机、火箭、电视,计算机……等等。(省略号后面的"等等"和句号,应当删去。)

(11)连接号的误用

常用的连接号有一字线"—"、半字线"-"和浪纹线"~"三种形式。连接号的误用主要表现在三种形式的使用不当以及和类似符号的混淆,要注意区分它们的使用场合。

①一字线用于:连接地名或方位名词,表示起止、相关或走向,如北京—广州特快列车;连接相关项目,表示递进式发展,如古猿—猿人—古人—新人;表格中表示"未发现"。不要与破折号"——"、半字线混淆。例如:

航行于重庆——沙市间长江水道上的"中锋号",是一条涉外的豪华旅游船。

句中"重庆——沙市"中的破折号应改成一字线"—"。

②半字线用于:连接相关词语,构成复合名词;连接字母、阿拉伯数字等,组成产品型号及各种代号,如HP-3000型电子计算机;全数字式日期表示法中间隔年、月、日,如1949-10-01;连接图序(或表序)中的章节号与图(或表)号。不要与一字线、减号"-"和外文中的连字符"-"(为字母m宽度的1/3)混淆。

③浪纹线用于连接相关的阿拉伯数字或代表数量的字母,表示数值范围,如增加产量15%~20%。

④文章注释中的纪年,前后两个年份之间用一字线相连,如唐(618—907)。如果前后两个日期都有年月日,那么年月日之间用半字线相连,前后两个日期之间用一字线相连,如,毛泽东(1893-12-26—1976-09-09)。

(12)间隔号的误用

间隔号用在被隔开的词语中间,间隔号的误用有两种情形。

①间隔号误用为顿号。例如：

大卫、里嘉图（误用了顿号就成为两个人了。）

②间隔号误用为下脚圆点号。例如：

"3.15"消费者日（误用了下脚圆点号就成了小数点。准确的用法是，改为居中圆点。）

### 6）量和单位使用差错

量和单位的使用要符合国家标准《量和单位》(GB 3100～3102—1993)的规定。《量和单位》(GB 3100～3102—1993)包括《国际单位制及其应用》(GB 3100—1993)、《有关量、单位和符号的一般原则》(GB 3101—1993)、《空间和时间的量和单位》(GB 3102.1—1993)、《周期及其有关现象的量和单位》(GB 3102.2—1993)、《力学的量和单位》(GB 3102.3—1993)、《热学的量和单位》(GB 3102.4—1993)、《电学和磁学的量和单位》(GB 3102.5—1993)、《光及有关电磁辐射的量和单位》(GB 3102.6—1993)、《声学的量和单位》(GB 3102.7—1993)、《物理化学和分子物理学的量和单位》(GB 3102.8—1993)、《原子物理学和核物理学的量和单位》(GB 3102.9—1993)、《核反应和电离辐射的量和单位》(GB 3102.10—1993)、《物理科学和技术中使用的数学符号》(GB 3102.11—1993)、《特征数》(GB 3102.12—1993)、《固体物理学的量和单位》(GB 3102.13—1993)。

根据《中华人民共和国计量法》和《中华人民共和国标准化法》的规定，1995年7月1日以后出版的科技书刊、报纸、新闻稿件、教材、产品铭牌、产品说明书等，在使用量和单位的名称、符号、书写规则时都应符合这套标准。

2017年国家标准委发布第7号公告，对以上15项量和单位国家标准使用提出了新要求：除《国际单位制及其应用》(GB 3100—1993)是强制性国家标准外，其他均转为推荐性标准，不再强制执行。常见的量和单位使用差错有：

**(1) 使用不规范量的名称**

主要表现在：使用已废弃的旧名称，同一个名称出现多种写法，使用自造的名称等。

①使用已废弃的旧名称。例如（括号里是废弃的）：质量（重量，但人民生活和贸易中质量仍可按习惯称为重量）；体积质量，密度或相对体积质量，相对密度（比重）；质量热容，比热容（比热），质量定压热容，比定压热容（定压比热容，恒压热容）；电流（电流强度）。

②同一名称出现多种书写法，译名不规范。例如：吉布斯自由能（吉卜斯自由能）。

③使用以"单位+数"构成的名称。例如:长度叫"米数",时间叫"秒数",装载质量叫"吨数",功率叫"瓦数",物质的量叫"摩尔数"等。

(2)使用不规范量的符号

使用不规范量的符号表现为六种情形:

①量符号错用了正体字母。国标规定:量符号必须使用斜体。对于矢量和张量,还应使用黑斜体;只有 pH 是例外。实际操作中,有的书稿全部使用正体,有的书稿时而正体、时而斜体,这都是不允许的。

②没有使用国标规定的符号。例如:质量的规范符号是 $m$,但常见用 $W,P,Q,$ $\mu$ 等表示。

③用多个字母构成一个量符号。例如:有些书刊把输入功率表示成 $Pi$,输出功率表示成 $PO$,也是不对的,规范的表示应分别为 $P_i$ 和 $P_O$。

④把化学元素符号作为量符号使用。例如:"$H_2:O_2 = 2:1$",这是不规范的表示方式。正确的表示方式为:

指质量比,应为 $m(H_2):m(O_2) = 2:1$;

指体积比,应为 $V(H_2):V(O_2) = 2:1$。

⑤把量符号当作纯数使用。如"物质的量为 $n$ mol",正确的表示为:"物质的量为 $n$,单位用 mol"。

⑥量符号的下标不规范,主要表现为:没有优先采用国标规定的下标,正斜体混乱,大小写混乱。

没有采用国标已规定的下标。有的用量名称的汉语拼音缩写作下标,有的甚至用汉字作下标。如:辐射能,国标规定的符号为 $E_R$,但有的书刊用 $E_F$,有的干脆用 $E_辐$,这些都是不规范的。

正斜体混乱。凡量符号和代表变动性数字、坐标轴名称及几何图形中表示点线面体的字母下标,采用斜体;其他情况为正体。例如:$\triangle ABC$ 的面积 $S_{\triangle ABC}$。

大小写混乱。区别大小写的规则为:量符号作下标,其字母大小写同原符号;来源于人名的缩写作下标用大写正体;不是来源于人名的缩写作下标,一般都用小写正体。

(3)单位名称书写错误

主要表现在对相除组合单位和乘方形式的单位名称书写错误。

①相除组合单位名称与其符号的顺序不一致,名称中的"每"字多于 1 个。例如:速度单位 m/s 的名称是"米每秒",而不是"秒米""米秒""每秒米""秒分之米";质量热容单位 J/(kg·K)的名称是"焦耳每千克开尔文"或"焦每千克开",而不是"焦耳每千克每开尔文"或"焦每千克每开"。

②乘方形式的单位名称错误。例如:截面系数单位 $m^3$ 的名称是"三次方米",而不是"米三次方""米立方""立方米";面积单位 $m^2$ 的名称是"平方米",而不是"二次方米""米平方""米二次方""平方"。

③在组合单位名称中加了符号。例如:摩尔体积单位 $m^3/mol$ 的名称是"立方米每摩尔"或"立方米每摩",而不是"立方米/摩尔""立方米/每摩尔""米$^3$/每摩""米$^3$ 摩尔$^{-1}$"等。

**(4) 单位中文符号的书写和使用不准确**

主要表现在:把名称或不是中文符号的"符号"当中文符号使用,组合单位中使用了两种符号,非普及性书刊中使用了中文符号,等等。

①把单位的名称作为中文符号使用。例如:单位 $N \cdot m$ 的中文符号是"牛·米",而不是"牛米"或"牛顿米"。

②使用既不是单位名称也不是中文符号的"符号",如"牛顿/平方米"的写法是错误的。如果是压强单位的名称,则应为"牛顿每平方米"或"牛每平方米";如果是压强单位的中文符号,则应为"牛/米$^2$"或"牛·米$^{-2}$"。类似的错误用法还有:"千克/摩尔"应为"千克/摩","焦尔/开尔文"应为"焦/开","立方米/秒"应为"米$^3$/秒","安培每米$^2$"应为"安/米$^2$","韦伯·米$^{-1}$"应为"韦·米$^{-1}$","瓦开$^{-1}$"应为"瓦·开$^{-1}$"。

③组合单位中两种符号并用。例如:速度单位不应写作"km/时",而应作"km/h"或"千米/时";流量单位不应写作"$m^3$/分",而应作"$m^3$/min"或"米$^3$/分";用药量单位不应写作"mg/(kg ·天)",而应作"mg/(kg·d)"或"毫克/(千克·天)"。

④非普及性书刊和高中以上教科书使用单位的中文符号或名称。按国标要求,非普及性书刊和高中以上教科书在表达量值时都应使用单位的国标符号,如把 $m,K,min,Hz,\Omega,m/s^2$ 分别写作米、开、分、赫、欧、米/秒$^2$ 是违反国标规定的,中文符号只在小学、初中教科书和普通书刊中在有必要时才使用。

**(5) 单位国际符号书写和使用错误**

主要表现为如下七个方面:

①单位符号错用了斜体字母。

②单位符号的大小写错误。国际规定,一般单位符号为小写体(只有升的符号例外,可用大写体 L),来源于人名的单位符号其首字母大写。常见错误如:把 m(米)、s(秒)、t(吨)、lx(勒)分别写成 M、S、T、Lx,把 Pa(帕)、W(瓦)、Hz(赫)分别写成 pa、w、HZ 或 $H_z$。

③把单位英文名称的非标准缩写或全称作为单位符号使用,如把 min(分)、

s(秒)、d(天)、h(小时)、a(年)、lx(勒)、r/min(转每秒)分别写成 m,sec,day,hr,y 或 yr,lux,rpm。

④把 ppm,pphm,ppb,ppt 等表示数量份额的缩写字母作为单位符号使用。应改用它们分别代表的数值 $10^{-6}$,$10^{-8}$,$10^{-9}$(美、法等国)或 $10^{-12}$(英、德等国)、$10^{-12}$(美、法等国)或 $10^{-18}$(英、德等国)。

⑤相除组合单位中的斜线"/"多于 1 条。例如把服药量的单位 mg/(kg·d) 和血管阻力单位 kPa·s/L 错误地表示为"mg/kg/d 和 kPa/L/s"。

⑥对单位符号进行修饰,主要表现是:加下标,在组合单位中插入说明性字符,修饰单位等。例如:

把最小电流表示为 $I = 3$ $A_{min}$,正确表示应为 $I_{min} = 3$ A。

⑦书写量值时,数值与单位符号间未留适当空隙,或把单位插在数值中间。如:1m75 应为 1.75 m 或 175 cm,10s01 应为 10.01 s。

**(6)使用非法定单位或已废弃的单位名称**

主要表现在以下情形中:

①使用市制单位,如尺、寸、担、斤、两、钱、亩等。在普通书刊特别是以农民为读者对象的书刊中,在表达小面积时还可以使用"亩",但要括注法定计量单位"公顷"。

②使用早已停用的"公字号"单位。除公斤、公里、公顷以外的所有"公字号"单位都应停止使用,如公尺(米、m)、公分(厘米、cm)、公亩(百平方米、100 $m^2$)、公升(升、L)、公方(立方米、$m^3$)、公吨(吨、t)等(括号中为法定名称及符号)。公斤、公里也不要用于教科书中,而应分别改用千克(kg)、千米(km)。

③使用英制单位。英制单位是必须废弃的。当确有必要出现英制单位时,一般采用括注的形式,如 51 cm(20 英寸)。

**(7)数理公式和数学符号的书写或使用不正确**

主要表现在字母、符号的正、斜体混淆,数理公式的转行不符合规定等。

①该用正体的字母用了斜体。例如:对其值不变的数学常数 e(=2.7182818…)、π(=3.1415926…)使用了斜体字母。

②该用斜体的字母用了正体。例如:对变数 $z$、$y$ 函数,使用了正体字母。

③数理公式转行不符合规定。新标准规定:"当一个表示式或方程式需断开、用两行或多行来表示时,最好在紧靠其中记号 =,+,−,±,×,·或/后断开,而在下一行开头不应重复这一记号。"例如:

$ax+by-cz =$

$m-n+p$

### 7)版面格式错误

版面格式是指封面、书名页、目录、书眉、标题、注释、插图、表格、索引,一直到正文的格式。版面格式是图书的包装形式,设计时应当体现美观、实用、准确三个原则。审校版面格式与正文内容具有同等重要的意义。常见的版面格式错误有:

①规格体例不统一;

②相关项目不一致;

③文图、文表不衔接,不配套;

④各种附件与正文排版格式不规范。

#### (1)规格体例不统一

如各章标题及正文的字体、字号不统一,注释的位置不统一,标题、书眉位置不统一,参考文献标著录格式不统一,图表排版格式不统一等。以插图为例,横置插图应一律朝向左侧,即逆时针旋转 90°,如果同一出版物中有的朝左,有的朝右,就形成了版面格式错误。

#### (2)相关项目不一致

如目录中所标页码与正文实际排版页码不一致,注释标号与实际注释内容不一致,书名页著录内容与实际情况不一致,索引与正文页码不一致,等等。

#### (3)文图、文表不衔接,不配套

如插图排在与其相关的正文内容之前或拖后太多,造成图文脱节;插图、表格下端的说明性文字或注释性文字与图表不配套,造成张冠李戴;按章编排的图、表顺序号与正文章节序号不相应,造成序乱差错,等等。

#### (4)各种附件与正文排版格式不规范

书刊附件构成不规范,包括图书不刊载书名页,主书名页必须提供的书名、著作责任者、出版者等信息不准或不齐,主书名页背面必须提供的版权说明、在版编目数据和版本记录等信息不准或不齐,序、跋中指示性文字与实际情况不呼应,等等。正文排版格式不规范,包括较长标准转行时割裂词汇,表格中数字末位未能对齐,正文中的空行、空字未能消除,注释的字号、字体未能与正文明显区分,插图倒置和反片,等等。

### 8)事实性错误

事实性错误是指出版物内容的表述违反了有关的客观事理、事实。校对中发现的事实性错误,主要是在通读中通过前后、左右内容的对照,推断出来的相互矛盾之处。常见的事实性错误有:事实有误,年代有误,数据有误。

事实有误的情况在出版物中经常出现,主要是由于作者治学、写作不严谨,编辑在审读加工时没有对事实进行核对造成的。例如:

到达陕北的红军在崂山、榆林桥、直罗镇与装备精良的东北军交锋,三战三捷,全歼东北军一〇九、一一〇两个师……

简析:崂山位于山东省青岛市崂山区境内,为中国北方道教圣地,也是全国重点风景名胜区,以产矿泉水著名。将山东境内的崂山"搬"到了陕西,事实上,这里的"崂山"乃"劳山"之误。劳山,位于陕西省甘泉县境内。

年代有误常见有三种情况:①我国历代纪年与公元纪年转换不准确;②历史人物生卒年与享年不对应;③历史事件发生的年代有误。例如:

1921年7月1日,在上海市一幢居民小楼里,秘密地举行了中国共产党第一次全国代表大会……

简析:该例出自某刊的一篇文章,其中的时间(7月1日)有误。可能是将7月1日中国共产党成立纪念日与中共一大的召开日期7月23日两者混为一谈了。其实,在当今出版的史书、辞书和历史教科书中,都有关于中共一大召开日期的记述,只要查一查,这种差错是完全可以避免的。

数据有误是多发性错误,如某书谈到一个单位近几年来为职工共建宿舍10 000多平方米,该单位有100多人,平均每人有30多平方米。这组数字中就含有事实性错误。又如:

珠穆朗玛峰是喜马拉雅山脉的主峰,海拔8 848.13米,是地球上的第一高峰……

简析:这是2005年底某书稿中介绍珠穆朗玛峰的一段文字。其中的"海拔8 848.13米"有误。显然,此处采用的珠峰高程是陈旧的资料。最新资料显示,2005年10月,国家测绘局公布珠峰的岩石面海拔高度为8 844.43米,测量精度为±0.21米。这一新的珠峰高程数据,是迄今为止国内乃至国际上历次珠峰高程测量中最为详尽、准确的数据。我国于1975年公布的珠峰高程数据8 848.13米已停止使用。

## 9) 知识性错误

知识性错误是指出版物内容表述中涉及的有关知识不正确。造成知识性错误的主要原因之一是对相关的科学知识不甚了解,其二是错用文字或标点符号所致,如将"电解质"错成"电介质",就使一种能导电的化合物错成了绝缘体。知识性错误在出版物中屡见不鲜,尤其以历史、地理类差错居多。防范知识性错误是编校的重要工作。例如:

①乾隆编《四库全书》,号召民间献出善本,作为奖励,寿以枣梨,意思是给一

些钱买些枣和梨吃。

②于老最闻名的还是他的书法,一手豪气逼人、才华纵横的草书,是爱好书法者的搜集对象,将来于老的墨迹会增值更快……于老生前不吝惜自己的笔墨,几乎是有求必应……

③我国南宋时有位豆蔻年华的词苑新秀李清照……

例①乾隆号召民间献出善本,"寿以枣梨",不是给一些钱买些枣和梨吃。雕版书通常用枣木和梨木制版,寿以枣梨是指书刊行世。

例②出自某报一篇文章。其中三处尊称于右任为"于右老",但经报社编辑(或校对)人员修改后,见报时就变成了"于老"。现在国人对一个人的尊称,通常是由其姓氏+"老"字构成。但是,对于近现代一部分名人(尤其是一些爱国民主人士)来说,其尊称就另有特殊讲究。以于右任为例,20世纪人们习惯尊称其为"于右老"。这种尊称有其历史根源,虽然现在用得少了,但不能据此认为它就是错的。报社编校人员之所以改错这个尊称,是因为不了解相关知识和背景所致。类似的还有,黄炎培,字任之,尊称"黄任老";沈钧儒,号衡山,尊称"沈衡老";章士钊,字行严,尊称"章行老";张澜,字表方,尊称"张表老";马寅初,尊称"马寅老";叶圣陶,尊称"叶圣老";等等。

例③南宋建立于1127年,李清照已四十多岁了,年届不惑。"豆蔻年华"是指十三四岁的少女,用在此处显然不妥。

## 10)政治性错误

政治性错误多指一些导向性的或与党和国家的路线、方针、政策不一致甚至相违背的错误观点和提法。出版物中的政治性错误必须重点防范,出版物作为传承文明、传播思想的载体,必须要坚持以马列主义、毛泽东思想、邓小平理论、"三个代表"重要思想、科学发展观,全面贯彻习近平新时代中国特色社会主义思想,坚持为人民服务、为社会主义服务的方针,坚持"用科学的理论武装人,用正确的舆论引导人,用崇高的精神塑造人,用优秀的作品鼓舞人",一旦出现政治性差错,就会影响民族统一、社会和谐。该类错误本应在编辑审稿、加工过程中发现解决,但在校样中往往遗留若干政治性错误,主要有以下几类:一是政治观点错误,二是政治倾向性错误,三是政策性错误,四是导向性错误,五是国名、人名、重大事件等因录排误植造成政治性差错。

校对政治性错误主要应注意以下几个方面。

### (1)港澳台问题

①在行文中提到我国的台湾地区、香港特别行政区、澳门特别行政区时,不能将它们与我国和其他国家相提并论。如:"美国、日本、台湾、澳大利亚等国家",此

时的正确改正方法是在"国家"后面加上"和地区"。

②不能使用"中台合资""中港合资"等说法,如上海市和台湾地区的合资公司,可以称为"沪台合资",其余说法类推。

③在做全国的人口统计时,不能用"大陆人口统计",正确的说法是"我国人口统计(不包括台湾、香港、澳门)"。

④不能将台湾、香港、澳门称为"海外",如称香港同胞为海外华人就是错误的说法。

⑤涉及台湾的纪年,中华民国三十八年(1949年)以后的纪年都应改为公元纪年。民国元年为1912年,以此类推。

⑥在行文中出现台湾的官方机构或者官员名称时应加引号,如"台湾国家博物院""台湾清华大学"等。

⑦行文中涉及奥运会(亚运会)、世贸组织、亚太经合组织等时,如提到台湾,应称之为"中国台北"。

⑧WHO(世界卫生组织)必须是主权国家才能参与,台湾不是其成员。

⑨"统一台湾"的说法不妥,应改为"祖国统一"或"解决台湾问题"。

**(2)领土主权和对外关系问题**

①在图书插图中,特别是教辅书中的地理和历史学科中的地图,必须特别注意避免错画、漏画领土或疆域的情况。凡是带国界的地图,均以权威出版社(中国地图出版社)出版的最新版地图和教材中的地图为准,如中国地图中不要漏掉台湾、南海诸岛、钓鱼岛、赤尾屿,注意中印边界等处的边境线是否正确;美国的地图中不要漏掉夏威夷和阿拉斯加等。

②涉及各国的国旗、国徽、国歌时,应做到准确无误。

③对于国家和地区的名称,应参照权威出版社出版的最新《世界地图册》,并与外交部官方的提法一致,如已经独立的国家不能用过去作为殖民地时的名称,邻国间有领土争议的地区不能使用我国不予承认的名称,如2005年的《中华人民共和国与印度共和国联合声明》中,中国承认锡金是印度的一个邦,而不是一个主权国家,当涉及锡金时,必须注意它只是印度的一个邦。

④在涉外关系上,应注意一不要有大国沙文主义言论,二不要有崇洋媚外的言论,要体现我国独立自主的和平外交政策,特别是"五项基本原则"。

⑤书稿中有关国际关系的问题,要根据不断变化的国际形势,在提法上与我国政府对外宣传的口径一致,不要无根据地使用过激的言语或人身攻击性语言,拿不准的要向专家请教,或向政府部门核查。

⑥对于战争(如美国轰炸南联盟)等敏感性政治问题,在教辅图书中,如无特别需要,尽量避免使用,如化学中涉及贫铀弹等时。

(3) 党政机构名称,国家领导人姓名职务等

①涉及党和政府机构,及其他重要机构的名称时,其提法与排序要与相关规定保持一致。

②书稿中国际要人和我国领导人的名称、职务务必正确,生平介绍务必准确,我国各级领导人人名及照片的排序要与中央有关规定保持一致,保证照片和照片的说明文字相符,省级的领导人原则上不出现在教辅图书中,以避免职位及其他情况的变化而误导学生。

③引用马克思、恩格斯、列宁的经典著作和我国党政领导人的言论时,文字和标点务必正确,编辑时要对照权威出版机构公开出版的最新版本逐字核对,对其思想内容进行论述时,一定要全面准确,切忌断章取义。

(4) "苏联"和"前苏联"的用法

特指时使用"前苏联",在其他不会引起歧义的语境中使用"苏联"即可。

(5) 党和国家的方针、政策

①在论述国家的方针、政策时,杜绝曲解和片面理解。

②"邓小平南巡讲话"的提法已废止,应改为"邓小平南方谈话"。

③中国十六大报告中已将"有中国特色的社会主义"改为"中国特色社会主义",应注意改动,但论及史实时应保持原来的提法,如:"十二大上,邓小平在开幕式中明确提出:'把马克思主义的普遍真理同具体实际结合起来,走自己的道路,建设有中国特色的社会主义。'"

(6) 民族和宗教问题

①论及民族问题和宗教的渊源、发展、派别、现状等情况时,务必言出有据,字字落实。如论述伊斯兰教在历史上的分派情况时,其各派别的名称为音译,比较生僻,应仔细加以查对。

②书稿中不应有大民族主义、地方民族主义以及民族分裂主义的言论;教辅书稿中不应出现宣扬宗教教义、教规的文字,特别是宣传邪教的文字,应坚决杜绝。

③了解并尊重各民族的风俗习惯和宗教信仰,书稿中不得出现违反民族习俗及宗教感情的文字,如清真菜谱中不得出现"猪油""猪肉"等字样,在出版供少数民族地区使用的教材或辅导用书时,严禁出现"猪"等字样;在书稿中禁用"蒙古大夫"一词;在论及藏族的"天葬"习俗时,不可以以文字和图片的形式对其过程和细节详述。

(7) 国家安全及保密事项

审稿时,应注意其内容是否涉及国家安全方面的事项,是否泄露了党和国家的重要秘密,如军事秘密、外交保密事项、科技保密事项等。要注意,我国的一些特有资源、传统工艺、科技新发明、重要的阶段性科研成果等信息不得出现在公共出版物中。

(8)一些国际组织的提法

①关贸总协定的发起者可称为"缔约国""发起国",因 1947 年关贸总协定成立时有 32 个国家参加,都是主权国家。

②WTO(世贸组织)和 APEC(亚太经合组织)的成员只能称为"成员"或"成员方",而不能称为"成员国",因 WTO 和 APEC 中有一些"单独关税区",它们不是主权国家,如 WTO 的成员包括中国台北、中国香港、中国澳门,APEC 成员包括中国台北和中国香港(不包括中国澳门)。

③世贸组织的前身是关贸总协定,在 1995 年 1 月 1 日前称为关贸总协定,此后称为世贸组织。

④"欧共体"于 1993 年 11 月 1 日改称"欧盟",称呼上依据时间前后界定。

(9)对历史人物和历史事件的评价

评价时,应坚持唯物观,在观点上应与最新的教材或者权威书籍的提法一致,做到观点正确,史实准确,防止片面和偏激的言辞。如对岳飞和文天祥的评价中,不使用"民族英雄"的提法,而分别称之为"抗金将领""抗元将领"或"著名将领"。

(10)法律问题

①审读书稿时,要注意排查并纠正我国宪法、政治司法制度的错误表达。

②书稿中如提及未成年违法犯罪人(18 周岁以下),应将其姓名隐去,如"抢劫犯张林"应改为"抢劫犯张某"。

(11)社会敏感问题和热点问题

对书稿中涉及的社会敏感性问题和热点问题,一定要谨慎处理。如西藏问题、新疆问题、中东局势等,在处理时,应与国家的民族政策、外交政策、对外宣传口径保持一致。

(12)思想道德、理想信念问题

对于教辅图书而言,受众为广大学生,在字里行间应渗透对青少年进行民族教育、爱国教育、理想信念和文明行为规范教育。审稿时,要坚决删除与社会主义道德观、共产主义理想信念相违背的内容。如数学书稿中出现的赌博和压岁钱数额比较的题目;在思想品德书稿中出现的超出青春期教育范畴的黄色内容,及对青少年颓废心理和自杀倾向论述过多的文字,宣扬封建道德、资产阶级人生观的文字,渲染暴力、血腥的文字,都应删除。此外,还要注意插图中人物形象是否得体,切忌将正面人物丑化。

(13)外文原文与译文中的政治观点

对外文原文和译文要严格把关,对散布在外文原文或译文中的带有西方政治观点和违背我国基本国情、破坏中华民族感情的文字进行删除,问题严重的要全文撤换。如台湾一些作家写的文章,在转换成简体引进的时候,要注意其作文时的政治立场,对于"共匪"等敏感性政治问题应注意解决。

**(14)涉及重要人物、事件的时间和史实**

编校人员应保持对数字和史实的敏感性,特别是重要人物的生卒年月、历史活动,重大事件发生的时间、过程及结果,一定要确保准确无误,遇到无十分把握的数字和史实时,一定要核查落实。

上述这十类差错中,差错率最高的是第一、第二两类,危害最大的是第八、第十两类。出版界对第八、第十两类防范意识较强。实际上,这十类差错是互相牵连的。编校的共同职责,就是努力消灭上述十类差错,从而做到将一切差错消灭在出版之前。

## 3.2.2　现代校对客体的差错成因

现代校对客体中的主要差错,大都与文字有关。本部分讨论的差错成因,也主要是就文字差错而言的。古代和近代校对家对文字差错成因都进行过探讨,春秋时子夏最先提出字形近似容易出错,清代学者王念孙和近代学者陈垣认为:出版物中差错,"无心之误半,有心之误亦半"。无心之误是由于疏忽、错觉等心理因素造成的;有心之误则与作者、编者、校者的文字水平、学识水平和写作、编校态度有关。清代学者王念孙将文字出错归纳成"误例凡六十二事",即62条出错规律。清代另一学者俞樾在《古书疑义举例》中,在王的基础上增加了误例,总结出88条出错规律。这些出错规律,对现代校对仍有指导价值,因为古今出版物文字出错有着许多相通之处。

参照前人的总结,同时对现代客体出错情况进行统计归纳,可将现代客体的文字出错成因概括为以下主要类型。

**1）现代客体的文字出错基本成因**

**(1)形似字容易混淆致误**

汉字形似的字特别多,按其形似性质可以划分为:左偏旁相同的字、右偏旁相同的字、上部相同的字、下部相同的字、内形相像的字、外形相像的字等类型。下面将各类形似字中出错频率较高的字列举如下:

①左偏旁相同的字:许计讨订讣、仅仅代伐伏优、形邢刑、沮泊洎泪、何伺、厂广、叶叫、注汪泣、迂迁、船般、洛浴、按接、轧轨、嗓噪、挪揶、糟糠等。

②右偏旁相同的字:戊成戌戎、钱线践浅残、朴扑仆补、吹砍炊欣、狐孤弧、科料斜、技枝伎、抄钞秒、翘翅、比此、刺刺、眈耽、键健、硕顽、驼鸵、候侯、歧岐等。

③上部相同的字:暮幕募慕墓、斧爷、茬茌、蔡葵、含舍、令今合含、余佘、宜宣、

仑仓、早旱、英莫、届屉、贤肾、差羞,第第等。

④下部相同的字:忽怱、灸炙、炎灾、佘佘、誊誊、普晋、包色、辈辇辈、又叉义、朵杂、去丢、血皿、水永、复夏、李季、市布、华毕等。

⑤内形相像的字:元无旡、夫失夭矢、孑孓、力方万才、氏氐、民尼、本木、求术术、直值殖、竽芋芊、心必、疱庖、丹舟等。

⑥外形相像的字:间问向、因困团、风凤夙、玉王、从丛、石右、在左、爪瓜、兔兔、白臼、历厉、丰半、压庄、北兆、丁了丫、壬主立生、人入、午牛、设没等。

形似字容易混淆致错,是由汉字结构特点决定的。汉字由笔画构成,上千上万的汉字,用八画或者五笔便可将其一一分解,因此,笔画或部首相同或相似的字就特别多。由此而使形似字出错的概率也非常大。

**(2)音同字容易混淆致误**

音同字混用致误,主要是一些词语、词组和成语中因使用同音字而形成别字。数万汉字分别按为数不多的音节排列,多的音节下排列有120个汉字,这种同音字特别多的情况就是形成音同字容易混淆致误的主要原因。

**(3)义近字容易混淆致误**

义近字致误,主要是一些语意相近或相通的字或由这些字构成的复词因使用场合不同或使用不准确形成错误。义近字致误是由汉语字词构成的特点决定的。7 000多个汉字要构造几十万个词,所以汉字只能一字多义。大多数汉字都含有多个义项,如果将具有某个相同义项的两个词相互替代使用于不同义项的语言环境,就会形成义近字混淆致误的错误。

**(4)错分致误**

在电脑录排时,由于原稿书写不规范,或录入员操作不专心,容易将由两个独立汉字组合而成的完整汉字分割成两个汉字。如将"腋"字错分成"月"与"夜"两个字,将"频"字错分成"步"与"页"两个字,将"掰"错分成"手""分""手"三个字,等等。错分致误也与汉字的结构有关,汉字中既有独体字,又有合体字,许多的汉字如形声字、会意字等都是由两个甚至两个以上独体字组合而成的。原稿书写时两个部分结合不紧,就会被看成两个独体字。

**(5)错合致误**

这是与上述情况正好相反的出错类型。即将书稿中两个独立的汉字错录成一个合字,如将"女"与"子"两字错录成"好"字,将"月"与"巴"两字错录成"肥"字,等等。在两个汉字笔画都少,作者书写时两字又挨得较紧的情况下,错合致误就很容易发生。当录入速度很快时,两个字之间的间隔非常短,计算机识别速度跟不上,也会出现错合致误的情况。

**(6) 义连致误**

两个语义相连或相关的字,很容易被误用而形成差错。如:"奥运会"错成"奥动会",因"运""动"两字义连;"唐宋词"错成"唐宋语",因"词""语"两字义连,等等。义连致误往往是原稿书写或录排时,作者或录排者下意识地误用造成的。

**(7) 义反致误**

两个语义相反的字,很容易被误用而形成差错。如"相左"错成"相右","以上"错成"以下","出去"错成"出来",等等。因左右、上下、去来义反。义反致误也是由作者或录排者的下意识误用造成的。所以校对人员平常要多进行训练,用职业眼光来审视书稿和校样,以提高对此类错误的辨识能力。

**(8) 互倒致误**

录入时由于操作不认真,将某词的字序互倒,就会形成一个语义与原词完全不同的新词。如:"办法"错成"法办","斗争"错成"争斗","工人"错成"人工"等。

**(9) 草字误判**

录入时由于原稿书写不清晰、不规范,容易造成判断错误。如"千斤顶"错判成"4斤顶","乃"错判成"13","名誉"错判成"各誉"等。

**(10) 错简致误**

原稿中简化字的书写不规范,或使用已经废止的《第二次汉字简化方案(草案)》(1977年)中的简化字,或以笔画少的传承字或简化字作为笔画多的传承字的简化字,或者自造简化字,都会形成错简。

规范的简化字以1986年重新发表的《简化字总表》为准。使用该表上没有的简化字,就是错简,如将下列字书写成括号中的字,都属错简:戴(代)、副(付)、蓝(兰)、龄(令)、停(仃)、舞(午)、嘴(咀)、街(丁)等。

**(11) 错繁致误**

用繁体字排版的出版物,将简化字改排成繁体字时,对应不准确,或用简化字排版的出版物中使用已简化的繁体字,都会形成错繁。

简转繁时对应不准确是形成错繁的主要原因,尤其是那些古代就有现在作为简化字的传承字,在改排繁体字时误用的情况非常普遍,如"党项"的"党"不得用"黨","长征"的"征"不得用"徵","人云亦云"的"云"不得用"雲"等。

不用繁体字排版的图书,已用简化字的必须使用规范的简化字,而不得使用繁体字。

**(12) 误用已经废止的异体字、旧体字**

根据《国家通用语言文字法》的规定,使用汉字必须正确、规范,不得使用已淘汰的异体字和旧体字,如"凭""凴"互为异体字,现在一般只用"凭"。

(13)误用已淘汰术语或不同术语混淆错用

汉语中的某些名词、术语,已逐渐被淘汰,如"强热带风暴"等。对于已淘汰的术语,要用更为科学的现代术语取代,如"强热带风暴"即可用"强台风"代替。有些术语音同或含义不同,容易混淆错用,如"电解质"与"电介质"。

## 2）现代客体的文字出错技术性成因

常见的计算机录排文字出错有如下几类。

①拆字失误。录排时需把一个汉字拆成若干个字根,五笔字型法将汉字的130种字根分配于25个字母键上,如果拆字错误,则键入的代码可能代表不同字根组合成不同的汉字。如:"长"字应拆为"丿七"(代码 TA),若错拆为"丿匕"(代码 TX),则可能错排成"第"字。

②手指移位不准或左右手动作不协调,错击邻键或对称键造成错误。相邻键击错的情况,如录入"日"字时,将"jjjj"错击成"hhhh",就会排成"目"字;录入"灰"字时,将"do"错击成"dp",就会排成"达"字。对称键击错的情况,如录入"博"字时,将键盘下排的"t"错击成键盘上排的"r",就排成了"搏"字。

③手指到位却未真击键而漏码。如录入"元"字时漏击"b",就排成了"无"字。

④键入符号相同,选错序码。如"四"和"皿"键入符号相同,但序号不同,选错字码就会造成这两个字的误用。

⑤不小心多击一键成错。如录入"吸"字时多击一键"y",就会排成"啄"字。

⑥邻行、邻位错改。尤其是在上下行文字中具有相同词语的情况下,很容易将下行应改文字错为上行文字予以修改,如将上行的第七个字改成了下行的第七个字,此称为邻行错改;如将同一行出错的第七个字误改为第八字,则为邻位错改。这都是由于录排时粗心大意造成的。校对人员在校样上改正错字,录排人员改版时很容易邻行、邻位错改,造成旧错未改又添新错。二校、三校和通读检查前的核红要特别注意。

⑦指令失误。录排时,字体、字号、行距等格式的确定,要通过击键或点击鼠标下达指令,若指令失误,就会造成成行、成片的大面积错误。

⑧串行失误。串行失误主要有两种情形:一是录入时录入人员看原稿串行,造成重复或丢失一行或数行文字;二是改版时运用电脑自动搜索功能,将需要修改的字符键入令其自动搜索,遇到相同的字符鼠标便会停止,如果需改的字并非首遇字,就会将不需要改的字错改而后面该改的字漏改,造成两处错误。

⑨版式转换失误。作者在电脑上写作,通常采用 Word 软件,与印刷厂使用的排版软件不能兼容,因而在进行版式转换的时候容易发生内容丢失或错乱。

### 3）现代客体的文字出错主观成因

现代客体的文字出错主观成因是指作者错写、编辑错改、校对妄改的主观原因。

**（1）语言文字功力不足**

①识字量不够。据统计，从小学到大学毕业总识字量为 4 274 个，要著书立说、编辑加工、校对改错恐怕还不够用。新华社的统计表明，校对新华社的稿件，必须认识 6 000 个汉字。而要掌握国家法定的通用文字，则必须认识 7 000 个汉字。

②只知其一不知其二。汉字存在一字多义、一字多音、多字同音等复杂情况，认识了几千个汉字不一定掌握了它们。出版物上的文字错误很大程度上是由作者、编辑、校对只知其一不知其二造成的。

③语法不够精通。出版物上的语言文字错误有不少是语法错误，其原因是作者、编辑、校对语法不够精通所致。

**（2）知识欠缺**

有些文字错误表面看来是用了错别字，而分析致误原因是知识欠缺。现代出版物因知识欠缺而错用文字的现象屡见不鲜，例如写错成语、地名、人名及其他专名，还有不同术语的混淆错用。不少出版物将"明日黄花"写成"昨日黄花"，其原因是作者、编辑、校对对该成语的典故不清楚所致。

**（3）心理误区**

作者写作用了错别字，编辑没有改正，校对未察觉，除了以上原因外，还有某种心理因素的消极影响。例如：整体知觉的误区，导致对错别字的认同；注意的分散，导致对错别字视而不见；消极性的减力情绪，导致编辑加工、校对猎错的质量降低。

除了上述文字出错之外，还有版式出错，以及其他形式的出错，也都有着各自的出错成因，需要编校人员认真总结、探索，提高编校能力，以促进出版物质量的提高。

## 思考题

1.试述原稿和校样的种类及特点。
2.举例说明现代校对客体上的错误类型。

# 现代校对的功能及其实现

**知识目标**

1.掌握现代校对的两大功能及其关系。

2.理解现代校对功能的变化及成因。

**能力目标**

1.能够明确现代校对功能对校对工作提出的任务及要求。

2.能够自觉提升计算机操作能力,适应现代校对工作需要。

# 任务 1  校对的基本功能

校对的基本功能早在西汉时期便有所论述。刘向关于"校雠"的定义已经概括了校对的两大功能："校其上下得缪误——发现原书存在的谬误;一人持本,一人读本,若怨家相对——发现不同版本之差异,从而改正传抄讹误。"清代校对大家段玉裁用更加明确的语言,将校对的两大功能概括成六个字:校异同,校是非。

现代校对与古代"校雠"一样,也强调校异同与校是非。

## 4.1.1  现代校对的两大基本功能

现代校对包含两大基本功能:一是校异同,二是校是非。这是由校对的性质决定的。校对是个集合概念,包含着"校"(校是非)和"对"(校异同)双重含义。

### 1) 校异同

校异同是指将校样跟原稿逐字逐句逐段比照,通过查找两者异同的方法,发现并改正录排错漏。其功能是保证原稿不错、不漏地转换成印刷文本。其职责是消灭书稿在排版过程中可能产生的一切错误(包括错别字,标点符号,外文字母的大小写、正体斜体、黑体白体,数学公式中的上、下角,及版式方面的差错:如一本书章、节标题的用字不统一,标题所占的行数不统一,一本书的整体版式不统一等)。

一般校对工作中的"一校"主要就是进行这项工作。它强调以原稿为准,对原稿负责。重要的稿件如国家政策、法律法规、党和国家领导人的重要讲话等,还要求两人"一唱一看"地校,以小样对照原稿,特别是其中有关的人名、地名、职务、数据等,要求以原稿为准,不允许出差错。

因此,校对人员为保证图书的校对质量,就必须逐字、逐行地将校样与原稿一一对照核对,辨别校样与原稿间的异同,找出相异之处,予以更正。校异同有多种形式,通常采用的有两种,即对校法校异同和本校法校异同。对校法校异同是依照原稿对比校样,逐字逐句逐段纠正、消灭排版差错,从而最大限度地实现原稿的显真即保值;本校法校异同是以原稿内容的上下前后互为结证校异同。在校异同中要注意如下三点。

（1）了解校样上容易出错的原因及规律

在校对过程中，校对人员常常会发现校样出现一些掉段、多句现象。通常有一种情况较多出现，即因原稿中两行字的开头、中间或结尾等有几个字相同时，排版人员容易看错行，从而导致掉段的现象。

（2）提高识别草体字及不规范字的能力

校对人员有时候面对的是手抄稿，手抄稿件中不乏有作者的字写得龙飞凤舞，很难辨认，有些甚至还不规范。校对人员要多了解、熟悉一些草体字、不规范字的不同写法，找出不同字在写法上基本相同及细微差别之处，以便在校对时应用自如，不使差错从眼前溜走而误导读者。

（3）养成良好的职业道德，提高自身修养

校对人员经常与原稿和校样打交道，工作既枯燥又很辛苦，这就要求校对人员必须具备良好的职业道德和认真负责、一丝不苟的敬业精神，在工作中做到任劳任怨，甘当"绿叶"。

2）校是非

校是非是指校对者凭借自身储备的知识或其他权威的资料来源判断原稿中的是非，确认其"是"就通过，确认其"非"就提出疑问，请编辑部门核实后处理。它是校对基本职能的深化、延伸，是其更高级的要求。

现代史学家陈垣以元本及诸本校沈刻《元曲章》，发现了 13 000 余处谬误。他剖析这些谬误，发现造成谬误的原因有"无心之误半，有心之误亦半"。无心之误是指由疏忽造成的错漏，如形近而误、声近而误、正文讹为小注，小注讹为正文、空字误连等，这类错漏用校异同的方法较易发现。有心之误主要是"不谙元时语法、不谙元时用语、不谙元时年代、不谙元时体制、不谙元时部族、不谙元时人名"等造成的"妄改、妄添、妄删"。既有语法错误也有知识性错误。这类谬误比较隐蔽，似是而非，必须运用学识和心智校是非才能改正。

现代校对同样面临着"无心之误"和"有心之误"。无心之误大多发生于录排过程，只要认真将校样同原稿比照，都比较容易发现和改正。"有心之误"是作者错写、编辑错改造成的，这类差错不大容易被发现。对于这类错误的改正，要靠校对人员校是非的功夫。

现代校对的校是非，有五个方面的任务。

①发现并改正常见错别字。

②发现并改正违反语言文字、标点符号、数字、量和单位等国家规范标准的错误。

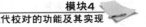

③发现并改正违反语法规则和逻辑规律的错误。

④发现并改正事实性、知识性和政治性错误。

⑤做好版面格式规范统一的工作。

校对人员要真正承担起校是非的工作,需要作如下努力。

**(1)关心时事,关心党和国家的方针政策**

社会在不断发展和进步,对新信息的积累、新知识的吸取、新政策法规的把握有助于校对人员知识水平的提升与知识面的扩展。一旦在原稿中出现与时事不符,甚至相悖的阐述,能够很快地分辨出来,避免发生不应有的错误。

**(2)爱岗敬业,增强责任心**

校是非过程是一个复杂的认知、鉴别以至处理的完整过程。注意力集中,意志品质良好对一名校对人员来说尤为重要,这是保证校对质量的必要条件。校对工作单调、机械,工作成绩不易引人注意。一本书如果获奖很少有人想起校对,一本书如果出错第一个需要查的就是校对。因此要做好校是非工作,校对人员要有良好的心态,强烈的责任感与使命感。

**(3)不断学习,更新知识,提高专业技能**

虽然近几年来许多校对人员认识到提升专业知识的重要性,利用业余时间参加各种学习,但仍然无法满足日常工作中对知识的需要。

究其原因,主要有两方面:一是知识结构不合理。校对人员大多是学中文的,所面对的出版物却是文理杂陈,难以真正而全面地担负起校是非的重责;二是知识更新速度快,加之现代出版技术的进步也对校对人员提出了新的要求,如电子出版物的校对、对纸媒出版物出版过程中新的出错规律的把握等。

这些都要求校对人员在校是非过程中多听、多看、多学,及时了解新科学、边缘科学,尽量使自己成为一名杂家。对一些新的理论、新的出版技术不一定精通,但对其新的概念、工作原理要略知一二。只有这样,才能有能力去发现问题,提出问题,解决问题。

**(4)坚持质疑的勇气和自信**

有些校对人员在校是非的过程中发现了原稿的问题,却常常因不自信或者自卑,担心自己水平有限,提出的疑问万一不对,怕让人讥笑。古语说"人无完人",谁都有可能犯错误,谁也不可能是全才,名人、名家也有他的弱项。前提必须是要具备一定的知识水平、扎实的文化功底,并能手勤(勤查工具书)、嘴勤(勤向同事询问讨教),提出的问题才能帮助编辑弥补错漏,才能得到编辑的认可和称赞。无中生有、自以为是并不表示勇气和自信。

校对人员校是非的能力,需要在长期的校对实践中培养,校对人员只有通过坚持不懈地努力,其校是非的能力才会得到社会的认同。

## 4.1.2 校异同与校是非的辩证统一关系

校对的两个基本功能,同样重要,不可偏废。不校异同,则不能保证作者的劳动成果准确而完整地转换;而不校是非,则不能发现和弥补作者创作和编辑加工的疏漏。偏废校异同或者偏废校是非,后果是一样的,都会造成谬误流传,损害作者,贻误读者。清代学者段玉裁说:"不先正底本,则多诬古人;而不断是非,则误今人。"

校异同与校是非两者是辩证统一的关系,主要表现在以下三个方面。

### 1)校异同与校是非是紧密相连,不可分割的

校异同与校是非是校对工作的两大功能,也是两大主要内容,是校对工作中密不可分的两大环节。前者是前提和基础,后者是前者的进一步完善,两者共同服务于作品,服务于读者,相辅相成,统一于整个校对工作中。

在现实中,有人认为校对工作十分简单,只需要校异同而不需要校是非,这种观点是完全错误的。原稿很多时候因作者的疏忽等原因会存在这样或那样的差错,为了保证和提高图书的质量,一名称职的校对人员必须掌握丰富的知识,把错误找出来,并进行校是非。

有人认为随着电脑排版的日趋完善和电子稿件的广泛应用,以发现原稿差错为目的的校是非将成为校对的唯一功能,校异同将随着电子稿件的应用而失去其存在的意义,终将消失。这种认识是错误的,它割断了校异同与校是非两者之间的联系,没能正确认识到校异同与校是非之间的关系。

### 2)校异同与校是非是统一的

西汉刘向给校对下定义:"一人读书,校其上下得谬误,曰校。"这里的校是以消灭原稿中的差错为目的或是要"定作者之是非"。"它是在一个本子前后对照异同的基础上定作者之是非",也就是本校法或现代校对中的通读校法。正如陈垣先生所言:"以本书前后互证,而抉摘其异同,则知其中之谬误。"可见先校异同,再校是非是校对的一个基本套路。校异同是校是非的前提和基础,校是非是校异同的进一步补充和完善,两者统一于校对工作中。

### 3)校异同和校是非的侧重点不同

校异同是以录排等复制过程中出现的差错为校对重点,是用以纠正原稿失真

为目的一种基本校对方法。如由于原稿与校样每页字数不同,原稿文字的增删修改,图表与正文相关内容的衔接、表的续排与接排、图的位置与串文等种种形式不同于原稿的新变化,都可能造成失误,这些都需要通过校异同来发现。

校是非是以发现和消灭原稿本身差错为目的的一种基本校对方法。与校异同相比,校是非是对校对员更大的考验与挑战。原稿出错的原因很复杂,作者的疏忽、作者自身知识水平的局限、治学失于严谨、笔误等都会造成差错。这需要校对者通过判断分析后才能发现其中的错误,进而指出错误的原因,并提出修改意见。

综上所述,校异同与校是非两者之间既相互区别又相互联系,是辩证统一的关系。在校对工作中要同样重视,两者都要抓,不能厚此薄彼,充分发挥校对的两种功能,做好校对工作,从而提高图书质量。

## 4.1.3 现代校对功能实现

校异同和校是非是猎错灭错的双刃剑,其功能是互补的,目的是一致的,因而同样重要,不可偏废,在实际校对工作中两种功能要全面实现。

现代校对功能的全面实现,即把改正录排差错与发现原稿差错由可能性转为现实性必须具备以下三个条件。

### 1)校对工作必须实行专业化

清代校雠大家段玉裁认为校书之难难在定其是非;清代另一位校雠大家顾广圻认为校书之难难在得其人。两位校雠大家在谈论校书之难时显然他们的关注点不同,段玉裁着眼于客体,分析客体的两类错漏,得出校书难在定其是非上;顾广圻着眼于校对的主体,分析主体与客体的矛盾,得出校书之难难在得其人。他们二人从不同角度阐述了校对工作中的一个共同规律,即校对工作必须实行专业化,只有在得其人的基础上才能更好地定是非。

校对主体是实现校对功能的决定因素。得其人才能善其事,因此,建立校对专业机构,培养校对专业人才,尤其是培养高级校对人才,是全面实现校对功能、保障图书校对质量的基本条件。这是不以人的主观意志为转移的出版工作客观规律。

### 2)校对主体要发挥猎错灭错的主观能动性

校对客体差错是多样的、隐蔽的,因此校对主体的投入在很大程度上决定校对灭错的质量,而现实工作中校对主体的投入是有限的。要想以有限的校对投入取得最大限度的灭错效果,就需要校对主体充分发挥主观能动性,最大限度地找出稿件中的错误。

校对主体的主观能动性并不是指校对人员需要加班加点、一刻不休地进行校对,人的体力毕竟是有限的,不可能无休止地工作。一般说来校对主体的主观能动性主要表现在三个方面。

①在从事校对工作时,始终保持最佳的精神状态,认真负责,不急不躁,专心致志,注意力高度集中。

②在校对实践中不断总结经验,不断研究出错规律,提高辨别异同的职业敏感和猎错改错的职业本领。

③在校对实践中坚持"校学相长",不断地扩大知识储备,以不断提高应对校对客体差错多样性的能力。

### 3) 校对主体要善于应用新技术

当代计算机技术为机器校对提供了技术手段,目前计算机校对软件已经日趋成熟,可以代替部分人工校对。新技术催发的出版生产革命,使沿袭两千多年的校对功能发生了重大变化,要求校对工作者与时俱进,适应这种变化,在"对读者负责、对社会负责"的新理念指导下,进行校对方法、校对体制、校对管理机制的创新,建立起适应新情况、应用新技术的校对质量保障体系。

此外,随着出版方式的发展变化,校对的主体和客体也在不断发生变化。在具体的校对过程中,校对人员须正确认识现代校对两大功能之间的关系。

# 任务 2　现代校对功能新变化

校对是伴随着活字印刷的发明和运用而诞生的。因为只有活字印刷需要排版,限于活字的多寡、刻字、检字、排版者水平的高低,误认、错认、误检、错检、误排、错排的现象经常发生,所以在付印之前就要对排版后的文本加以校对,由此便产生了校对和校对工作者。

从校对诞生的那一时刻起,它的功能便昭然若揭,即校异同。一直到 20 世纪 80 年代,校异同都是校对的主要功能,校是非是校对的次要功能。

这主要是由传统校对的客体所决定。传统校对有两个客体,一个是加工定稿后的编辑发排文本,即原稿;一个是依据原稿排版打印出来的样张,即校样。校对的首要任务是将校样与原稿逐字逐句比照,检查两者的异同,发现了不同的地方,则依据原稿改正校样,以此来保证排版与原稿的一致性。

## 4.2.1　电子稿出现导致校对功能发生变化

20世纪90年代以后,电脑排版以其操作便利、改版迅速、字体字号多样、美观等优势而风靡全球。在我国逐渐形成了以华光集团的华光系列和以北大方正集团的方正系列为代表的两大中文电脑排版系统,迅速在报纸、书刊印刷中推广使用,完全淘汰了活字排版作业。

随着计算机科学技术的发展,现代校对的客体已发生了变化,纸质书稿被电子稿所取代,作者交给编辑的不再是手写稿,而是电子稿。

电子稿的出现及广泛使用,导致编辑加工和排版方式的改变,编辑在电子稿上进行加工,定稿后只需打开电子稿在电脑上修改,然后根据版式进行转换,而不需要重新录入排版。如此一来,校对只需要将打印稿中修改的部分进行核对,其他部分没有进行更改,和原电子稿一致,无须进行校异同。从这种意义上来说电子稿的出现将传统意义上的原稿与校样合二为一,校对人员实际上是进行无原稿校对操作,校对工作主要是通过校是非来完成。

校对客体的变化引发校对方式的变化,同时也使校对的两个基本功能的关系发生变化:在传统校对中为主要职责的校异同下降为次要职责,在传统校对中为次要职责的校是非则上升为主要职责,以校异同为主的传统校对,被以校是非的现代校对所取代。现代校对功能的变化对现代校对的价值、作用、地位、方法、制度以及校对人才队伍建设将产生重大而深远的影响。

## 4.2.2　提升计算机操作能力,从而胜任校对工作

随着计算机的普及和推广,以及现代化出版速度的加快,出版手段的计算机化正在逐步实现,如用计算机编辑、排版、校对,甚至图书发行、出版管理等都在实施计算机化。这种出版手段现代化的实现,必然导致一系列相应的变化。

目前,作者交给出版社的稿件有两种:一种是手写的文稿,另一种是电子稿。编辑实现计算机化后,作者的手写稿将由编辑利用排版软件输入计算机内进行编辑,在计算机上对电子稿进行审读和编辑加工,甚至进行版式设计、校对,最后通过打印设备输出清样,有的则通过照排设备输出软片,然后进行制版、印刷。在整个过程中,编辑都可将自己的构想,通过计算机加以实现。由于减少了中间的许多环节,降低了差错率,因而大大缩短了出版的周期,提高了出版物的质量,加速了信息的传播。但同时也对编辑的素质提出了更高的要求。要求编辑除了要有深厚的专

业知识、较扎实的文字功底和版式设计的知识外,为更好地胜任校对编辑工作,他们还应掌握熟练运用电脑的排版软件、校对软件。

编辑、排版的电脑化势必呼唤校对的电脑化。一部书稿在付梓前须经过三次校对和一次通读。为了减少、消灭排版造成的差错,有一些内容较复杂的书稿,还需增加校次以达到质量要求,其工作量非常之大,也会严重影响出版周期。传统的人工校对方式已经成了制约出版现代化进程的瓶颈,而校对的计算机化很好地解决了这一问题。目前国内已经开发出各种不同版本的中文校对软件。

编辑电脑化以后,校对工作必将会发生新的变化。这种新的变化主要是以下两点。

### 1)校对的工作对象发生了变化

校对原来是两个工作对象,它们分别是以纸为载体的原稿和校样。编校电脑化以后,校对的对象是计算机里的电子排版稿,而且是在计算机荧屏上直接进行校对。

### 2)校对的程序和方法发生了变化

首先校对的次数减少。原来须三校的,实行电脑化以后可以二校或一校。其次,由于是在计算机荧屏上直接进行校对,因此以折校为主的传统校对方法将自然淘汰。鉴于以上这些变化和校对计算机化以后,校对的功能从校异同转到了校是非,这对校对人员的素质提出了新的和更高的要求。

信息技术的发展给传统的校对工作带来了变革,现代化校对对校对人员提出了新的素质和要求,为更好地适应现代校对工作,校对人员应熟悉和掌握计算机知识、计算机操作技术,尤其要掌握计算机排版出错和计算机校对的特殊规律,以及电脑排版的校对技巧等。有关职能部门应根据校对人员和校对教育的现状,统筹规划,采取措施,尽快培养一支适应编校计算机化的专职校对队伍,加快出版现代化发展的步伐。

## 4.2.3 数字出版时代的校对

大数据、云计算、人工智能等新一代信息技术的创新,推动数字出版快速发展。互联网期刊、电子书、数字报纸、博客类应用、网络动漫、移动出版、网络游戏、数字音乐等新业态发展迅猛。数字出版时代的到来,强力地冲击着传统出版格局,作为出版过程的一个环节,校对工作也发生了深刻的变化。

多年来,出版单位在接收到作者的电子稿后,依然习惯于打印出纸样让校对人员加工。随着科技的发展和人们绿色环保意识的增强,不少出版单位不再出纸样,而是让校对人员直接使用计算机进行加工,甚至请作者自校时,也将排版后生成的方正书版文件转换为 PDF 格式文档发给作者,要求作者使用 Adobe Reader、Apabi Reader、Foxit Reader 等软件校改。这种转变,不仅节约了资源,而且简化了出版中间环节,大大加快了出版节奏,取得了很好的效果。对于校对人员而言,不仅要适应纸样,更要适应各类数字化文稿校对。

文稿数字化辅以日益完善的互联网传输技术,使得稿件的远程传输越来越便捷。校对人员不再需要在办公室里面对纸样工作,也可以在家中甚至在其他具备有线或无线网络的地点,使用计算机、平板电脑、智能手机等实现文稿的数字化校对。校对人员可以使用强大的网络搜索引擎解决校对中的问题;QQ、微信等即时通信工具,可以为校对人员和编辑、作者搭建实时沟通平台,通过文字、图片、语音通话、视频通话等手段随时交流。目前,这种远程校对和在线校对成为业界发展的一个方向。各类基于线上合作的校对团队、校对机构开始出现。如 2010 年 1 月成立的广州校对网文化传播有限公司,首先利用网络汇集专门校对人员,再承接出版企业文稿校对任务;根据校对人员工作状况分发稿件,并要求在规定时间内交稿;校对人员使用 Word 校对、PDF 校对等无纸化校对技术完成校对;文稿校对质量通过审核后,通过在线支付等方式完成校对费用结算。这种在线校对方式,在数字出版时代焕发出生机。

伴随着出版新业态不断出现,新的差错类型也会不断产生,如数字出版物中音视频播放的错误、链接的错误、交互界面无法运行的错误等,也需要校对人员逐一把关。校是非仍会是数字出版物校对的主要方面,校对人员编辑化逐渐成为出版行业的共识。

## 思考题

1.如何实现校对两大功能?
2.现代校对功能发生了什么变化? 其原因是什么?
3.数字出版时代的校对工作对校对人员提出了哪些新要求?

# 现代校对工作的程序及基本制度

**知识目标**

1. 掌握现代校对工作的程序。
2. 明确各校次人员的职责。
3. 了解现代校对工作的基本制度。

**能力目标**

1. 能够根据现代校对工作流程,承担相应的校对工作。
2. 能够在校对实践中,自觉遵循现代校对工作的基本制度。

# 任务 1　现代校对工作的程序及各校次人员的职责

作为一名校对员,必须清楚校对工作的流程以及每个环节的工作职责,这样在校对时,才能有的放矢,保质保量地完成相应的校对工作。

## 5.1.1　现代校对工作的程序

### 1)现代校对工作程序

现代校对工作的基本操作程序包括:初校、二校、三校、通读、誊样、核红、文字技术整理等各环节。

(1)过红

过红,又称"誊样""过录"。一般是把副样(著译者看的校样和编辑看的校样)上所修改的文字、符号等誊录到正样(校对者的校样)上。如果正样改动少、副样改动多,也可以将正样过录到副样上。

过红时对改动部分不是简单地过录,还要判断改动是否合理;若有疑问,则提请责任编辑解决。有时因校样改动较大(如删去篇幅较大的图表,或增加大段文字、公式、图注等),要变动版面时,就要精心安排、调整版面,尽可能地减少捅版,并保持版面美观。

过红工作一般由责任校对负责,有的出版社也由责任编辑负责。

(2)核红

核红,又称"对红""复红",即检查核对前次校样上色笔批改之处在后次校样上是否已经改正。核红分校次间核红与付印清样核红两种。

校次间核红,是将初、二校校毕由责任编辑审改后退厂改正的校样,与工厂改好后的校样进行核对。一般由三校人员在核对原稿前进行。

付印清样核红,是将三校、通读完毕由责任编辑审改后退厂改正的校样,与工厂改好的校样进行核对,校正其未改或错改之处。一般先由专人核对一次,再由责任校对(或其他把关的校对人员)复核一次,最后交责任编辑、复审者和终审人员审查认定。做这项工作时应注意以下几点。

①若付印样存在捅行、捅版情况,对付印清样不能仅仅核对改动之处,还要对牵连到的相关字、行、面作全面核对。

②若发现应改未改或不应改而改的地方,必须在上下各三行中检查一遍,以免改错地方。

③若页码或版面有变动,应检查目录、书眉、索引中是否已作相应改动。

④有时付印样无错,但由于计算机运行中发生错误而出现差错,发现一处应作全面检查。

**(3)文字技术整理**

文字技术整理,简称"整理",既是现代校对的基本方法,也是现代校对工作的必要程序。文字技术整理作用有三个方面:其一,弥补版式设计的疏漏;其二,防范排版造成的技术性错误;其三,防范多人交叉校对产生的不统一。

文字技术整理内容可细分为以下十一项。

①检查原稿和校样是否齐全,清点页码是否衔接。

②根据发稿单分别核对封面和书名页,使其相关项目保持一致。

③根据正文标题核对目录或要目,并附缀正文页码,每次改版后均须检查附缀页码是否准确,必要时还应核对胶片。

④检查正文的标题体系,使同级标题的题序连续,字体、字号、占行和位置保持一致。

⑤检查书眉文字与正文标题是否一致,规格是否符合标准。

⑥调整脚注的顺序和版面,使与正文注码相对应。

⑦协助责任编辑解决相互牵连的问题,如:封面勒口上与正文有关的提示性文字,前言、后记、序言中引用或综述正文内容的文字,"参见本书第××页注××","见上(或下)图(或表)",等等。

⑧统一和规范用字。

⑨检查插图的形象与文字说明是否相符,位置是否准确。

⑩检查表格和公式的格式是否正确。

⑪汇总校对员提出的问题,请责任编辑解决。

文字技术整理必须十分认真,一丝不苟,不可有丝毫马虎。

**2)现代校对工作流程**

**(1)传统校对模式**

传统校对模式分为下列环节:

一校—整理—改版—核红→二校—整理—改版—核红→三校—整理—改版—

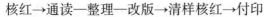

核红→通读—整理—改版→清样核红→付印

传统校对模式遵循的是"三校一通读"制度,"三校"即三个校次,"一通读"即终校改版后的通读检查。任何书稿的校对,至少要保证四个校次。

图书校对是由集体交叉进行的,由于不同校对主体对差错的认定不可能一致,且每个校对主体只接触一个局部,容易造成全书不统一的问题,因此,每个校次后,都必须做一次文字技术整理;三校完成后,再进行一次全面的文字技术整理。一校、二校后的整理,由本校次的校对者负责,也可由责任校对负责。三校后的全面整理,由责任校对负责。

付印前的最后一次核红,对图书的质量起着把关作用,如有错改、漏改而未能发现,就会造成产品事故,所以,必须格外重视。

**(2)连校模式**

有些重版书稿的校对,由于差错较少,可采用连校模式,常见的有一二连校、二三连校,具体环节如下:

一二连校

一校—整理→二校—整理—改版—核红→三校—整理—改版—核红→通读—整理—改版→清样核红→付印

二三连校

一校—整理—改版—核红→二校—整理→三校—整理—改版—核红→通读—整理—改版→清样核红→付印

与传统校对程序相比,少了部分改版的环节。

**(3)人机结合校对模式**

随着计算机校对软件的应用,人机结合校对是在新技术条件下的创新,是现代校对方法的重大发展,校对的程序随之得到进一步的改进。因原稿载体不同,具体流程也有所不同,故而一般可再分为纸质原稿方式和电子原稿方式两种。

经过多年实践,校对工作者创造了"二三连校+机器清扫"的纸质原稿人机结合模式。具体环节如下:

人工一校—改版→机器二校→人工三校—改版→机器清扫—通读—改版→清样核红→付印

由于校对软件误报率较高,且一校样上差错原本就较多,所以不能用于一校。人机结合的校对程序,既能缩短出版周期,又能提高校对质量。

## 5.1.2  各校次人员的职责

校对工作不仅要对作者负责,保证原稿完整地转化为印刷文本;同时,还应对读者、对社会负责,消灭原稿中遗留的错误。既要校异同,也要校是非,随着电子稿的出现,纸质书稿逐渐被电子稿所取代,电子稿的原稿与校样合二为一,校对人员无原稿可以对照,只有进行是非判断才能发现差错,校是非的功能越来越重要。不过,在核红、整理、对片过程中,仍需校异同。

在校对工作中,校对人员的两个共同基本职责是:

第一,忠于原稿,依原稿逐一核对校样,消灭排版上的一切错误,包括文字图表符号公式等错误以及格式错误。

第二,发现原稿中可能存在的各种差错或不妥之处,用铅笔在空白处提出疑问或填单,请编辑解决。

### 1)毛校的职责

规模较大的印刷或排版企业,大都配有校对人员,排版后的第一次校样送给出版社之前,由工厂的校对员进行的一次校对,这叫"毛校"。毛校一般仅进行一次,必要时,可进行两次毛校,目的是保证排版的质量。毛校时,要注意以下两点。

①根据发排单的要求,检查版式,如字体字号,各级标题的排式等。

②尽可能地改正文字、标点错误,特别要注意消灭多行多段、少行少段的问题,尤其是勾画较乱的手写稿,常见漏排和多排的情况。

### 2)一校的职责

一校是整个校对工作的基础,直接影响以后各个校次。一校的主要任务,应在毛校的基础上,把排字、排版中的文字、标点及版式方面的错误基本消灭,除了承担毛校的内容外,还要注意以下几点。

①校正校样中的全部"漏排的字",检查书眉、边文是否有误。

②基本上消灭多字、少字、错字等差错,彻底消灭多行、少行、串段、另行接排及其他会造成版面变动的错误。

③图的位置、大小是否恰当、美观;图中文字字号是否合适;字体是否统一,线条是否圆顺,比例大小是否合适;细节是否处理到位;图与正文、解析、答案是否对应。

④按照发排单的设计要求和原稿上的批注,校正另页、另面、另行接排错误以及大小标题的字体、字号和空行、占行的错误。

⑤题与答案的核对,解析、答案与题是否相符,解析是否符合要求,是否有重题、陈旧题目以及超纲题目。(一般在校对教辅时才注意此问题)。

⑥注意版式是否与样张一致。

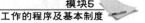

⑦统计工厂毛校错漏数。

⑧留错率为 2/10 000。

### 3）二校的职责

一校样经改版后，重新出的校样，称为二校样。连校时，二校样也就是一校改过后的校样。

二校首先仍应对照原稿，逐字逐句校核原稿。重点改正一校漏校、错校之处，同时应注意：

①检查和调整全书的版式，检查各级标题的字体、字号是否统一，注意行距、字距是否合乎规定。

②统一全书文字、数字的用法，使公式、图表的规格一致。

③检查数学公式和化学方程式等的安放位置及转行形式是否合适。

④认真做好整理送改的工作。检查一校、二校改得是否清楚；检查格式、字体、字号、统一用字、汉字数码与阿拉伯数码、外文大小写、表格的序号格式与正反线、单双引号和书名号的用法、注文回行和其他版式是否统一。

⑤留错率为 1/10 000。

### 4）三校的职责

三校应继续对照原稿，可以采用本校法、他校法和理校法，继续检查校样上的差错，查看一校、二校有无漏校。如果三校后不再通读，那么此次校对应脱离原稿，以通读校对为主，有疑问时再查原稿。三校时应注意以下几点。

①校对时注意体会原稿内容，适当推敲文字，做好全书版面规格的整体统一。

②政治方面的表述有无问题，对于涉及党和国家政策、领导人及其言论，涉及港澳台地区的提法，涉及少数民族，涉及国界等问题，一定要认真核实，确保万无一失。

③知识性表述有无问题。对历史事件的时间、人物、地点等表述，对于科学常识的表述等都应核实。保证经典著作引文的绝对正确。

④是否有不规范汉字的存在，有的话，应当改正过来。

⑤数量的表述是否符合国家规范，前后数字互证是否正确。

⑥标点使用是否有错误。

⑦汉语拼音是否合乎规则。

⑧注意力应遍及全部校样，对全书的各组成部分做一次通体检查，不能有任何缺漏。

**5）通读的职责**

校样经过三个校次,已经完成了校异同的工作,确保了与原稿的一致,所以,通读时,重心应放在校是非上,即消灭原稿中的隐性差错。通读时,需注意以下几点。

①全面检查原稿的文字质量,全部消灭对校遗留的错别字、多字、标点符号错误以及格式、字体、图、表与批注不符之处。

②对不规范的语法修辞、明显的病句要提出质疑,提供给责编裁决。

③注意核实正文、附件是否齐全,相关内容照应是否准确。

④书稿中的专业知识、事实表述应通过查阅资料核实。

⑤注意检查全书的图、表、公式等是否符合要求。

⑥注意全书体例是否统一。

**6）责任校对的职责**

书稿发排后,需要确定责任校对。责任校对由具有中级以上校对专业技术职务或从事校对工作五年以上的专业校对人员承担。责任校对的职责有以下几点。

①了解书稿的出版日期,确定本书校对周期,安排本书校对进程。

②接到一校样后,核查原稿校样是否齐全,版面格式是否规范。

③安排各校次校对人员和校对日期。

④参与书稿的三校或通读工作,做好书稿的文字技术整理工作。

⑤通读付印样。

# 任务2　现代校对工作的基本制度

校对处在发排后、印制前的质量把关环节,校对工作的质量,在很大程度上决定着出版物的内在质量。如何才能保证校对的质量呢? 除了提高校对队伍的整体素质外,还必须建立严密有效的校对制度。

现代校对的基本制度表现为如下四个方面:三校一通读对片制度,校对主体多元化与专业化相结合制度,集体交叉与责任校对相结合制度,校对质疑与编辑排疑相结合制度。

## 5.2.1　三校一通读对片制度

"三校"即三个校次,"一通读"即终校改版后的通读检查。"三校一通读"是校对主体和校对客体矛盾运动的客观规律决定的,不这样做就保证不了校对质量。由于校对客体差错的复杂性和出错原因的多样性,校对活动不可能"毕其功于一役",必须投入必要的校对工作量(即校次)。古代校雠和现代校对实践反复证明,"三校一通读"是必要的校对投入。

早在西汉刘向提出"校雠"概念时,实际上就提出了校次的问题,他校书,先通过"雠"发现诸本差异;再进行"校",断定诸本是非;然后"书竹",再"刊定";最后"可缮写者,以上素也"。

隋唐时代官方翻译佛经,在誊抄过程中,实行"初校 、再校、三校",最后由"主持"详阅。这是我国校雠史上最早的"三校一通读"记载。

宋太宗下令重校"三史",明确规定"三覆校正",最后由皇帝"御览",这也是"三校一通读"。

清乾隆时代编纂《四库全书》,对誊录本的校对,最初只设分校、总校两级校官,乾隆皇帝翻阅总校后的《四库全书荟要》,发现了错别字,下谕严厉地批评了校官,于是在分校官与总校官之间增设复校官,建立分校→复校→总校的校对责任体系。全书誊录完成后,乾隆又命总纂之一的陆锡熊"详校全书",又发现了许多错讹。故《四库全书》的誊录过程也是"三校一通读"。"三校一通读"就是总结了古代校雠和现代校对的实践经验而作出的科学规定。

"三校一通读"是《图书质量保障体系》规定的必须坚持的最低限度的校次。实际校对工作中,重要书稿和校对难度大的书稿,如经典著作、文件、辞书、古籍、学术著作、教科书及教辅读物等,还应相应增加校次。

此外,《图书质量保障体系》还规定:"作者校对、编辑校对不能顶替校次,交给他们校对的校样是'副样','正样'仍由校对人员校对,三个校次都必须由经过专业训练的校对人员来完成。计算机校对如果使用得当,可以顶替一个校次。三校改版后打出的校样,不能算作付印清样,还必须进行一次通读检查,通读检查后改版打出的校样,才能算作付印清样。"

为保证校对质量,《图书校对工作基本规程》(以下简称《规程》)还指出:"凡遇到如下情况之一的校样,校对者有权提出增加 1~2 个校次:①初校样的差错率超过 15/10 000 的;②编辑发排的书稿没有齐、清、定,而在校样上修改的页码超过1/3的;③终校样的差错超过 3/10 000 的。增加校次的决定权属于专业校对机构。"可见,校对质量取决于校对主体和校对客体两方面,校对主体的能力和投入情况,校对客体存在差错的多少,均会对校对质量产生影响。

现代的"三校一通读",校法和任务各不相同。一校、二校以对校为主,任务是消灭录排差错,按《规程》规定,一校的灭错率应达到差错总数的75%,二校的灭错率应为一校留错的75%;三校以本校为主,主要采用通读校样的方法,任务是发现并质疑原稿错讹,按《规程》规定,三校原则上要消灭全部差错,最低标准为留错率不超过1/10 000;一通读是最后通读检查,主要是"校是非"。

磁盘书稿校对,由于原稿与校样合二为一,一校没有可供比照的原稿,则应采用本校法,通过是非判断发现录排差错和原稿错讹。一校改版后打出二校样,一校样就成为二校的比照物,所以二校时应先核红,然后再二校。三校样打出后,校法同二校。如前所述,三个校次是最低限度的校次,特殊的书稿,特殊的情况,还须相应增加校次。

"对片"是当代校对制度的创新,它是计算机排版制片新工艺的产物。计算机排版制片,由于可能发生指令失误或病毒侵害,导致发生文字错乱丢失,因此制片完成后,必须将胶片与清样对照检查。对照的方法是:将胶片压在清样上面,通过缓慢移动胶片,使胶片上的字符图表与清样完全重合;如不能完全重合,则要采用对校法,将胶片与清样对校,查出进而改正错漏。

## 5.2.2　校对主体多元化与专业化相结合制度

现代校对的特征之一,是校对主体多元化与专业化相结合。所谓主体多元化,是指作者、编者和专职校对员共同参与校对,还有社外人员参与校对活动,从而形成校对主体群。作者校对属于自校,编辑校对属于半自校。他们共同的优势是:对书稿内容的把握,对相关知识的熟悉。共同的劣势是:因习惯线性阅读难以感知个体字符的差异,因思维定式而往往对差错"熟视无睹"。社外校对人员,技术、经验、心态和责任心一般不如社内专职校对人员。

所谓以社内专职校对员为核心,有三层意思:其一,出版社必须建立专业校对机构,对全社校对工作进行统一组织和全程监控;其二,出版社必须配备足够的专职校对员(编校人员配备的科学比例为3:1,不应少于5:1),并由专职校对员担任责任校对;其三,必须由中级以上职称的校对人员或工作认真、经验丰富的其他校对员来做三校,把好终校关。

因此,校对主体多元化必须与专业化相结合,并且以社内专职校对人员为校对主体群的核心。实践反复证明,不这样做,校对质量就得不到保证。撤销校对科室,实行编校合一,或者完全依靠外校,实践证明是行不通的。

### 5.2.3　集体交叉与责任校对相结合制度

现代校对的特征之二,是集体交叉校对与责任校对相结合。集体交叉校对,是指由不同职级、不同专长的校对者分别负责不同校次的校对,一般不得采取三个校次由一人包揽的方式。其具体内涵有三:

第一,一种书稿的校对过程由集体交叉完成。

第二,不同校次或篇章的校对任务分别安排不同的校对人员交叉承担。

第三,每种书稿确定一名专职校对人员担任责任校对。

集体交叉校对有两种交叉方法:其一,中短篇书稿,按校次交叉,最后由责任校对通读检查;其二,大部头书稿,按篇章交叉,最后由责任校对通读检查。交叉校对的原则是每个校对者对校对对象都是陌生的。

集体交叉校对的优点是可以避免一人包校的知识局限和"熟能生错"的弊端,有利于最大限度地消灭差错。同时,集体交叉校对还是一种相互检查、相互监督、互相学习的有效方式。

但是,集体交叉校对也存在不足。校对者对差错的认定不会完全一致,大部头书稿分章集体交叉校对,还会造成版面格式处理的不统一。因此,在集体交叉校对的基础上,必须实行责任校对制。责任校对是本书校对工作的总责任人和总协调员,参与本书校对全过程,承担终校或通读检查(通读检查也可以由责任编辑承担)以及文字技术整理,协助责任编辑解决校对质疑,并最后核对付印清样。责任校对应在书名页上署名,以示对本书的校对质量负责。

### 5.2.4　校对质疑与编辑排疑相结合制度

校对质疑,编辑排疑,是现代校对校是非的基本形式。对于原稿上的差错,校对员只能质疑而无权修改,所以要实行校对质疑与编辑排疑相结合的制度。

校对人员的校是非,不同于编辑的文字加工,两者有质的区别。校是非的任务是发现原稿可能存在的错误,即通常说的清除硬伤,不做篇章布局调整、思想内容提升和文字润色的工作。对于明显的错字、别字、多字、漏字、错简字、错繁字、互倒、异体字、旧字形、非规范的异形词,专名错误,不符合国家规范标准的标点符号用法、数字用法、量和单位名称及符号书写,不符合设计要求和规范的版面格式,校对员应当予以改正,但改后须经责任编辑过目认定。发现了语法错误、逻辑错误以及事实性、知识性、政治性错误,校对员无权修改,只能用灰色铅笔在校样上标注表示质疑,并且提出修改建议,填写"校对质疑表",对于重要的质疑,可以写成书面材料附在"校对质疑表"后面。

校对质疑的具体办法是:校对员发现了原稿上的差错,首先用灰色铅笔在校样上将质疑处画到版心外的空白处写上改正建议,打"?"表示质疑,并在改正建议下面加上简要的质疑说明,再在说明文字下加注"。。。"(校对符号,表示"说明"),或另纸书写改错的理由。同时,填写"校对质疑表"。

全书三校完成后,由责任校对填写"校对质疑表",连同校样、原稿一并送给编辑排疑。责任编辑应当认真地对待校对质疑,对校对质疑一一斟酌。认为质疑正确,便用红(或蓝)笔在校样上改错,同时在质疑表"编辑认定"栏内打"√"表示认同。责任编辑应虚心采纳正确的修改建议,对于认定的修改建议,用色笔圈画表示照此修改;对于不拟采纳的修改建议,则打"×"表示删去(不要用色笔涂抹,保留校对质疑笔迹,以备需要时查检)。认为质疑不正确,则将校样上的质疑画掉,同时在质疑表"编辑认定"栏内打"×"表示质疑有误。校对质疑和改错建议,应尽量做到有理有据。

校对质疑是校对者的职责。要建立激励机制,鼓励校对员质疑,校对员质疑经责任编辑认定后,应当给与质疑者适当的奖励,其质疑表应当存入个人业务档案,作为考查校对员业务水平、晋升专业职称的依据。送给编辑排疑,表现了校对者的郑重和谨慎,也表现了校对者对编辑的尊重。校对质疑和编辑排疑是编校通力合作、相互学习的有效形式。

## 思考题

1.现代校对工作流程有哪些模式? 其区别是什么?

2.现代校对工作制度对校对员提出了怎样的要求?

# 现代校对的方法

**知识目标**

1.掌握现代校对四种基本方法及应用。

2.熟悉现代校对工作常用的标准及规范。

**能力目标**

1.能够综合运用四种校对方法承担校对工作。

2.能够通过查检校对工作常用的标准及规范,解决校对过程中的
难题。

# 任务 1　对校法及其应用

　　校对的方法有四种：对校法、本校法、他校法、理校法，是现代史学家陈垣概括的，原是古籍校勘的基本方法，完全适用于现代校对，因而也是现代校对的基本方法。熟练地使用这四种方法，能帮助我们找出原稿和校样中的各类差错，做好校对工作。

## 6.1.1　对校法的含义

　　对校法，要旨是"对"，即将校样与原稿进行比照核对，通过对照发现异同，捕捉校样上的错漏，然后依据原稿改正过来。其主要的功能是校异同，确保校样与原稿的一致，从而做到对原稿负责。对校法的目的是改正排版的错漏，还原真实的原稿。

　　对校法有两大优点：其一，容易发现校样上的错误；其二，可以找到改正校样错误的直接依据。该校对方法不足之处是因校对时重点放在对字形的辨别上，关注每个字符的一笔一画，不利于校是非。

## 6.1.2　对校法的应用

　　实行对校是校对的基础性工作，是校对的基本功，校对人员必须娴熟地掌握对校的方法和操作技术。基于对校法的特点，对校法在实际工作中主要应用于手写书稿校对、电子书稿核红、文字技术整理等。比如核红就是在每个校次开始前，必须将本校次校样与上校次校样对比，确保上校次改正的错误在本校次校样中准确无误地改正过来，弥补录排人员在改版中出现的差错。

　　图 6.1 为使用对校法校对后的一校样。通过分析可看出，排版人员在排版过程中，容易导致错别字、漏字和多字的出现。

### 神学院演讲

（一八三八年七月十五日，星期日晚在剑桥镇神学院毕业班上的一次演讲）

在这个明媚的夏天，吸进生命的气息已经是一种奢侈的享受了。草木生长、花蕾绽放，草地点缀着繁花的火红与金黄的色彩。空中百鸟飞翔鸣唱，松树、胶杨和新的干草的香甜弥漫四方。夜给人心里送来的不是幽暗，而是它受人欢迎的阴凉。透过透明的薄暗，星星泻下的简直是灵光。星星照耀下的人似乎是一个儿童，他的那个巨球好像一个玩具。凉爽的夜好像用一条河沐浴着世界，又让自己的眼睛做好准备迎接殷红的曙光。自然的神秘得到了空前惬意的展示。粮食与美酒大量分发给众生，古老的赐予前进时保持的永远的沉默尚未做出一句说明。人们不得不崇敬这个世界的完美，在这里我们的感官交流着。何其广阔，多么富饶，每一种财产对人的每一样才能发出多么恳切的邀请！在它丰饶的土地上，在它通畅的海洋里，在它金属与岩石的崇山峻岭中，在它万木生长的森林里，在它种类繁多的动物身上，在它的各种化学成分里，在光、热、引力和生命的力量与路线中，完全值得伟人们呕心沥血去征服它、享用它。种植者、机械师、发明家、天文学家、城市建设者、船长，都会功垂青史、彪炳日月。

然而，心灵一旦敞开，揭示穿越宇宙的种种法则，还事情的真实面目，大千世界就立即缩成这个心灵的一个图解和寓言。我为何物？存在的是何物？人的精神发问，带着一种新近点燃而又永远还会扑灭的好奇。看这些超越一切的法则，我们不完美的领悟能力可

图 6.1

# 任务 2　本校法及其应用

## 6.2.1　本校法的含义

本校法,要旨是"前后互证",脱离原稿,通读校样,通过书稿中的内在矛盾发现错误,然后进行是非判断从而发现书稿的错误。本校法即将书稿内容前后比较,发现表述不一致的地方,通过辨析,改正过来,实现校是非功能,如前后矛盾、文注矛盾、文表矛盾、文图矛盾等,都可以通过本校法找出来。书稿中,相同或相近内容常见表述不一致的情况,如外国人名、数量表述、机构或名称表述等。现代校对的通读检查就是应用本校法。

## 6.2.2　本校法的应用

由于现在书稿电子化,原稿与校样合二为一,校对人员只能进行"无原稿校对"操作。本校法已成为现代校对的主要方法,可应用于文字技术整理等。在校对工作中,校对人员经常会使用本校法依据文稿内在的联系,将目录与正文、文字与图片、文字与表格、正文与注解相校,对名词术语和概念等进行前后互校,从而发现错误。书稿中有些错误通过一句话的内在矛盾便可发现。

请看下面两例。

①他精通中国文化,对中国不很了解。

②"公元 756 年,四川发生大地震。"——某书稿正文

"天宝十五年,帝奔蜀,川中大震。"——某书稿注文

使用本校法,可以看出例句中的错误。比如例①中,"精通中国文化"与"对中国不很了解"是矛盾的。既然是"精通中国文化",那应该他对中国是很了解的。两种改法:把"对中国不很了解"改为"对中国很了解",另一种是把"他精通中国文化"换成"他不精通中国文化"。例②中,正文说"四川发生大地震",而注文说"帝奔蜀,川中大震"。正文与注文发生了矛盾。原来,天宝十四年(公元 755 年),爆发安史之乱,唐玄宗仓皇出逃,于次年(公元 756 年)逃到四川,川中百姓大为震惊。这就是"帝奔蜀,川中大震"的含义。公元 756 年,四川并未发生大地震,而是"人

心震"。作者将"川中大震"误解为"四川发生大地震",校对员用"本校法"发现并改正了原稿这处知识性错误。

再看下面一例。

近来,刘欢患病在美国成功手术的传闻在网络和各种媒体上不胫而走,引起了人们的广泛关注和种种猜测。昨天,刘欢的妻子卢璐通过电话和邮件在美国接受了采访。

卢璐透露,刘欢的右腿髋关节在2004年3月初受过一次伤。那时他正在准备个人演唱会,没工夫去医院。过了一两个星期也就慢慢恢复了,所以他一直没有在意。不过自那以后,他注意到跷二郎腿这个动作右腿渐渐无法完成了。去年年初在美国的一次负重家务劳动中,刘欢右腿又不慎受伤,当时曾痛得走不了路。他以为会像上回那样慢慢见好,却事与愿违。一个月后,他开始上网查询,最终自我诊断为"股骨头缺血性坏死"晚期。刘璐说:"刘欢一方面怕我着急,同时担心影响女儿的考试;另一方面也认为已然如此,早治晚治并无大碍,所以就哄骗女儿一起瞒了我四个月。"刘璐介绍,今年4月16日上午,刘欢在北京进行了"髋关节置换术"。手术非常成功。主刀医生是中国这方面最好的骨外科专家,用的人工关节也是当前国际上最新型的瓷质材料。

文中,刘欢的妻子一会是"卢璐",一会又是"刘璐"。两处必有一处是错误的。经查实,应是"卢璐"。

# 任务 3　他校法及其应用

## 6.3.1　他校法的含义及应用

他校法,要旨是"以他书校本书",是利用与所校书稿内容相关的其他权威文献来判断书稿内容正误。他校法即发现书稿中可能有误的地方,通过查找相关资料,如工具书、国家标准及规范等,小心求证,改正错误。所以,校对人员对校对工作常用的工具书及国家标准要熟悉。

他校法常与本校法交叉运用,使用"本校法"发现了前后矛盾但难以作出准确判断时,就用"他校法"从相关文献中寻找根据,然后提出疑问请编辑排疑。

请看下面两例。

①他在本次比赛中取得好成绩,老师希望他再接再励。

②8 月 15,圆月当空。天上月圆,地上人圆。让我们为新人举杯……

例①中,很明显是将"再接再厉"错成"再接再励",这是我们在书稿常见的错误。要究其错误关键是要知其所以然,为什么不是"激励"的"励"而是"厉害"的"厉",就必须用"他校",可查阅《成语辞典》《韩昌黎全集》等。通过翻阅《成语辞典》可知"再接再厉"出自韩愈与孟郊《斗鸡联句》的诗句:"一喷一醒然,再接再砺乃。"接着查《韩昌黎全集》恍然大悟,原来韩愈与孟郊一块儿观斗鸡,两只鸡斗了一回合,都筋疲力尽了。两只鸡的主人立即给鸡的身上喷水,两只鸡像睡了一觉醒来,立马精神抖擞。但是它们不会马上厮斗,而是在地上磨喙。孟郊看到此情此景,便写了"一喷一醒然,再接再砺乃"诗句,把斗鸡的神态描写得惟妙惟肖。在古代"厉"是"砺"的通假字,诗句演变成成语时,"再接再砺"就变成了"再接再厉","厉"字的含义是"磨砺","再接再厉"比喻做事贵在坚持,要一次接一次地不懈努力。

例②中"8 月 15"应为"八月十五"。汉字和阿拉伯数字是两种不同的符号系统。为了准确地反映历史面貌,《出版物上数字用法》(GB/T 15835—2011)提到:凡中国干支纪年和夏历月日,均应使用汉字。"八月十五"即中秋节,这是按夏历计算的,故不能用阿拉伯数字。"大年三十"当然也不能写成"大年 30"。同样,按照这条规定,"丁丑年三月十二日",这是中国干支纪年,也不写成"丁丑年 3 月 12 日"。

再看下面两例。

①《现代汉语词典》解释"故里"为"故乡、家乡"。

②《现代汉语词典》是这样解释"故乡"的:"出生或长期居住过的地方。"

而在《现代汉语词典》中是这样的。

【故里】gùlǐ 名 故乡;老家:荣归故里。

【故乡】gùxiāng 名 出生或长期居住过的地方;家乡;老家。

例①引文不符原文,是显而易见的。值得注意的是,从第 1 版到第 5 版,《现代汉语词典》都没有引文那样解释。例②不符合《现代汉语词典》是这样解释"故乡"的事实,即使辩解说只是选取了部分原文,也不能把句号放在括注引文的引号内。

## 6.3.2 国家相关技术标准

他校法是利用他书校本书。"他书"是指与本书稿相关的国家标准或规范、工具书及相关著作等。

校对人员使用他校法时需参考的国家标准或规范有以下六种。

①简化字,简化字转为繁体字:"他书"为《简化字总表》,防范错简、错繁。

②异体字:"他书"为《第一批异体字整理表》,防范错用异体字。

③数字用法:"他书"为《出版物上数字用法》(GB/T 15835—2011),防范数字使用错误。

④标点符号:"他书"为《标点符号用法》(GB/T 15834—2011),防范标点符号使用错误。

⑤量和单位:"他书"为《量和单位》(GB 3100~3102—1993),防范量和单位使用错误。

⑥汉语拼音:"他书"为《汉语拼音方案》《汉语拼音正词法基本规则》(GB/T 16159—2012)、《中文书刊名称汉语拼音拼写法》(GB 3259—1992)等,防范汉语拼音错误。

校对人员辨别汉字字词使用错误,可以参考的词典工具书有:《现代汉语词典》《辞源》《辞海》《新华字典》《新华词典》《成语辞典》等。

此外,辨析知识、史实的正误还可以查阅相关的著作和工具书,如《中国通史》《世界通史》《唐诗三百首》《宋词三百首》等。

当然计算机网络技术的普遍应用,校对人员还可以充分利用计算机进行检索。只是,计算机检索出的内容,瑕瑜互见,要注意辨析,"择善而从之"。

他校法是判断是非的有效方法,也是防范臆断妄改的有效方法。所以,必要时要不惜花时间、费气力,以"打破砂锅问到底"的精神,查到水落石出,真正做到对读者负责、对社会负责。

# 任务4　理校法及其应用

## 6.4.1　理校法的含义

对校法、本校法、他校法,从实质上来说都是"对校",都是有所依凭。理校法则完全不同,它不采用比照异同的方法,而是发现书稿中可能有误的地方时,凭借自身的知识储备和判断能力,进行分析、推理,从而作出是非判断的方法。这种方法要求校对人员具有很高的综合素质,拥有宽广的知识面和扎实的语言文字功底。

## 6.4.2 理校法的应用

采用理校法进行校对工作主要从语言、体例、史实等方面入手。

### 1)从语言入手

从语言入手即从分析语言文字着手,通过辨析字形、字音、文意、语法等手段,来推断其出错原因,作出是非判断,改正语言文字错误。

请看下面几例。

①这个小伙子拿出辛辛苦苦赚来的一点钱开了一片水果店。

②明晚时代,是中国历史上一个值得关注的历史时期。

③通过耐心教育,使他终于改邪归正,走上了正道。

④该企业去年年产值仅 1 500 万元,今年跃升为 4 500 万元,整整增长了三倍。

例①"一片水果店"应该改为"一爿水果店",商店、工厂等一家叫一爿。

例②中很明显应将"明晚"改为"晚明"。

例③ "通过耐心教育"是介宾短语,不能作主语,所以该句子主语残缺。可以将"使"字删除,让"他"作主语。

例④犯了数量表达混乱的错误,倍数表示数值的比例关系,指跟原数相等的数,计算增长倍数应减去底数。4 500 万元 - 1 500 万元 = 3 000 万元,是底数(1 500 万元)的两倍,因此该句应将"三倍"改为"两倍"。

### 2)从体例入手

从体例入手的理校方法,是古籍校勘的重要方法,也可运用于现代图书的校对中。比如辞书校对实践中,从体例入手可以发现错误,从而保证辞书体例的一致。请看下例。

①李鸿章(1823—1901 年),安徽合肥人,清末洋务派和淮军首领⋯⋯

②李庭芝(1219—1276),字祥甫,南宋大臣,随州(治今湖北随州市)人⋯⋯

该例中两条目对照看,很明显发现两者体例不一。生卒年表达方式不统一,李鸿章无"字",李庭芝的籍贯排列在官职后面,李鸿章的籍贯无古地名,而今地名应加括号注释。

### 3)从史实入手

从史实入手就是从图书的内容方面,检查文字是否与事实相符。

请看下面两例。

①WTO成立之后，WTO成员国之间贸易往来的手续被大大简化了，成员国之间可以随时随地发起或接受交易……

②实轴上的点是实数，虚轴上的点是虚数。

例①出自某部著作稿，其中的"成员国"一词使用不当。因为加入WTO的既包括像中国、美国等一些国家，也有像中国香港、中国澳门（均于1995年加入WTO）这样的独立关税地区，所以，笼统地称为"成员国"是欠妥的。可将该例中的"成员国"改为"成员方"或"成员"。

例②首先，"点是实数""点是虚数"在文字表述上不够准确。"点"不是"数"，而"数"也不是"点"。可以说数轴上的点表示数，但不能说"点是×数"。其次，虚轴上的点也并非都表示虚数。原因是，原点也在虚轴上，原点表示零，而零是实数不是虚数。综上所述，该例应改为："实轴上的点表示实数，虚轴上的点（原点除外）表示虚数。"

理校法的应用，首先要善疑，就是仔细思考每一个字、词的用法；其次要推理，根据一定的逻辑关系，推出句中不合事理的地方；最后要验证，可以咨询编辑或查找相关资料，验证这一类错误。

在校对工作中，要综合运用这四种校对方法。在存在原稿与校样两种客体的情况下，首先使用对校法，确保校样和原稿的一致，电子书稿的校对同样要运用对校法。使用本校法，找出校样上前后矛盾的地方，改正后使前后统一。运用本校法发现了"前后互证"解决不了的问题，可使用他校法，通过查找"他书"，寻找改错的依据。当无据可查或数本互异时则可使用理校法，运用自身的知识储备改正各类错误。

## 思考题

1.请问什么是对校法、本校法、他校法、理校法？各自功能是什么？

2.使用他校法时，常用的参考资料有哪些？

# 现代校对的技术

**知识目标**

1.掌握现代校对技术的规范操作。

2.了解机器校对的特性。

3.掌握校对符号的使用规范。

**能力目标**

1.规范、熟练地使用现代校对技术从事校对工作。

2.能够使用校对符号校改各类差错。

# 任务 1　现代校对的操作技术及其要领

目前在校对工作中采用的校对技术有五种:折校技术、点校技术、平行点校技术、读校技术和通读技术。除了读校技术以外,其他技术的使用较为普遍。

## 7.1.1　折校技术及其应用

折校,即将原稿按行折叠,与校样对校。具体操作技术如下:将校样放在正前的桌子上,用两手的食指、中指、拇指拿着原稿,从第一行起,逐行折起紧贴校样上相应的文字,同时两手的食指轻轻压在原稿的折缝上,然后从左到右缓缓移动原稿,使原稿与校样上相同的字符紧贴在一起,上下对照,捕捉校样上的错漏。如果原稿改动较大,为了看清原稿上的改动,也可将校样进行折叠,置于原稿上方,如图7.1 所示。

图 7.1

折校技术的优点是:

①原稿与校样紧贴,相应字符集中在一个视点上,校对时头部无须摆动,可以减轻劳动强度;

②将原稿与校样紧贴在一起,两者的异同一目了然,容易捕捉错漏;

③手、脑、眼并用,注意力集中,校对速度快、效率高。

其缺点是:

①因一目双行地校对,形似字的错误特别容易被忽略;

②因完全是机械式校对,容易忽略对内容的理解,不利于校是非;

③若原稿勾画较乱,经验不足的校对人员容易漏校。

折校适用于没有改动或改动较少的书稿,尤其是重排书稿的校对。这类书稿稿面清晰,书稿与校样的字体、字号、版面格式完全一样。用折校的方法校对此类书稿方便、速度快,效果较好。

## 7.1.2 点校技术及其应用

点校,即先看原稿,后看校样,逐字逐句进行校对。具体操作技术如下:将原稿放在左边,校样放在右边。校对时,左手点原稿,默读原稿上的语句,可以词语或句子为单位,长句子再分读,读时注意不可断开词语,如"我们是中国人",应视为"我们""是""中国人"三个部分;然后默读校样,右手执笔随目光移动,逐字(包括标点符号)逐句点校,发现有错立即改正,如图7.2所示。

图 7.2

点校技术的优点是:校对人员可以自由支配速度,遇到难以辨别的字词或勾画较乱之处,放慢速度,稍作停顿,有助于发现错漏。

其缺点是:原稿和校样左右放置,校对人员工作时头部需要不停地左右摆动,两手也受到约束,容易产生身心疲劳,影响校对速度;此外,原稿与校样间距较大,校对人员左边读一句,右边对照一句,有时记不住原稿句子的全部文字,容易漏校。

点校技术适用于校对改动较大、勾画凌乱的书稿。

## 7.1.3 平行点校技术及其应用

平行点校技术是在点校技术基础上发展而来的,有时也称上下式点校技术。具体操作技术如下:校对时,将原稿折叠起来,一般每页可折五六折,每折约四五行文字,然后左手夹持,放于校样上方,使原稿与校样平行。左手食指点击原稿,依照点校技术要领逐字逐句默读原稿,右手执笔在校样上移动,逐字(包括标点符号)逐句点校,发现错误时立即修改,如图7.3所示。

**图 7.3**

平行点校技术的优点是:由于原稿与校样平行放置,校对时头部无须左右摆动,可节省体力,减缓劳动强度,提高校对速度。

平行点校技术同样适用于校对改动较大、勾画凌乱的书稿。

## 7.1.4 读校技术及其应用

读校,又称"唱校",一般至少由两人进行,即一个人朗读原稿,另一个人或几个人对照校样改正错误。具体操作技术如下:一个人朗读原稿,每字、每句、每个标点都要读清楚,速度要均匀,语调要符合文意,同音、易错及生僻字等要加以说明,排版格式(如另行、另面、标题等)也要读出。另一个人或几个人看校样,要全神贯注,一边听读一边核对,记下异同,依照原稿改异。比如,朗读下面一段文字:

> 一个人朗读原稿,每字、每句、每个标点都要读清楚,速度要均匀,语调要符合文意,同音、易错及生僻字等要加以说明,排版格式(如另行、另面、标题等)也要读出。另一个人或几个人看校样,要全神贯注,一边听读一边核对,记下异同,依照原稿改异。

> 另行起 一个人朗读原稿 逗号 每字 顿号 每句 顿号 每个标点都要读清楚 逗号 速度要均匀 逗号 语调要符合文章 逗号 同音 顿号 易错及生僻字等要加以说明 逗号 排版格式 前括号 如另行 顿号 另面 顿号 标题等 后括号 也要读出 句号 另一个人或几个人看校样 逗号 要全神贯注 逗号 一边听读一边核对 逗号 记下异同 逗号 依照原稿改异 句号

读校技术要求读稿人普通话相对标准,因读校双方可以相互提醒,不易产生厌倦情绪;一读多校能在短时间内完成多个校次,且关注点多,不易产生漏校;但遇到校样有错时,校方要改正,读方需停下,会影响校对效率。

读校技术采用相对较少,适宜于政治理论著作和重要文件的校对。不适宜用词生僻且通假字多的古籍书稿,以及公式、科技术语较多的科技书稿和图表多的其他书稿。

### 7.1.5　通读技术及其应用

通读技术与读校不同,即脱离原稿通过通读校样进行校对。现在出版社基本上是电子书稿,校对人员在无原稿可以比照的情况下,只能通过通读技术找出书稿中的差错了。使用通读技术时,要注意思维必须高度集中,采用点性阅读方式,认真阅读每个字、每句话、每个标点,可以以词为单位阅读整句;阅读时,要思考字词是否有误,标点是否正确,语法、版面格式、量和单位以及思想内容是否有差错等,有疑问时,要立刻查找相关资料,解决问题,如图 7.4 所示。

图 7.4

通读技术在整个校对流程中应用广泛,每一校次在核红以后,均需校对人员使用通读技术,消灭是非方面的差错。通读技术是体现一名校对人员综合素质的重要标准。

# 任务 2　机器校对

随着电子原稿数量的增加和计算机自动校对软件的应用,利用计算机进行文稿校对已成为可能。如今机器校对成为校对工作中一项最具有现代意义的校对方法,是校对工作的有力补充。

## 7.2.1　计算机软件在校对工作中的运用

目前比较成功的计算机自动校对软件有黑马校对系统、工智校对通、远景编校系统。少数技术力量较强的出版社自主开发了专业化校对软件(如:浙江科学技术出版社开发出"浙江科学技术出版社校对信息管理系统")。不过在出版行业应用最广泛的当属北京黑马飞腾科技有限公司研制的黑马校对软件。

图 7.5

黑马校对(图 7.5)是该公司全力开发的新一代校对系统,荣获"中国优秀软件"终身称号,并且通过了中国版协校委会的实测鉴定。内含 S2 版、PS 版、Word 版、WPS 版、小样版、飞腾插件版和 PDF 插件版 9 个全新的校对界面。采用超大规模词库和重点词监控等先进的校对计算机技术,在校对质量、校对功能和易用性等方面都有了飞跃性的提高,达到了当前电脑校对软件发展的最高水平,智能技术居国际领先水平。

黑马校对的研制基于覆盖社会科学和自然科学各领域的 1 000 亿字汉语语料的分析,采用国际计算语言先进的语法分析和语料库统计相结合的方法,具有汉语切分技术、汉语语法分析技术、汉语依存关系分析技术等优秀的中文智能技术。内嵌 79 个专业词库、8 000 万条专业词汇、600 万条错误核心库,查错准确率和校对效率已经达到一个崭新的高度。支持各种主流文字处理和排版系统的文件格式,支持各种专业文稿的校对。黑马校对系统是目前国内市场上占有率最高、实用性最强的专业校对软件,为各类文稿的校对提供了最佳解决方案。

目前,全国已经有 98%以上的出版社、近万家的报社杂志社、印刷企业、图书公司、机关办公单位和个人使用黑马校对系统。

黑马校对采用最新的校对引擎和超大规模的核心词库,具有强大的查错能力,能够精确校对政治性问题(领导人姓名、职务、排序,台湾问题,敏感词语等)、中文(错别字、少字、多字、词语搭配和部分语法语义、异形词和繁体字、曾用词、知识性错误、人名、地名等各种错误)、英文拼写、标点、数字、科技计量单位、重句等各种错误,部分校对界面(S2 版)还可以校对目录、标题和序号等错误。

### 1)政治性差错

黑马校对可以校出领导人姓名、职务搭配、排序错误,涉及台湾以及其他敏感的政治性问题。

例:高速发展中的国家,如亚洲的新加坡、韩国、台湾等。(正:高速发展中的国家和地区,如亚洲的新加坡、韩国等国和中国台湾地区等。)

### 2)错别字

错别字一般是正字的音近字或形近字。用五笔字型录入时经常产生形近字错误,拼音录入时经常产生音近字错误。此类错误人工校对不易发现,是多次校对后遗留错误的主要来源。使用黑马校对可以有效地检查出此类错误,如图 7.6 所示。

例：登计费（正：登记费）；法兰克夫（正：法兰克福）；举首投足（正：举手投足）

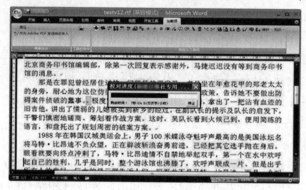

图 7.6

### 3) 漏字、多字错误

漏字、多字错误是录入时常见的错误，往往会造成语句不通顺。

例：国家安全员会（正：国家安全委员会）；它的的功能（正：它的功能）

### 4) 词语搭配、语法语义等错误

词语搭配错误的形式很多，语法错误的类型相对更为复杂，黑马校对一般可以校出词语搭配错误以及部分语法方面的错误。

例：登陆教育局网站。（正：登录教育局网站。）

曹雪芹的足迹走遍了香山。（"足迹"和"走遍"不搭配。）

### 5) 异形词、繁体字词

随着国家语委新标准的颁布，旧的异形词已被废除，不再使用。此外，简体字文章里一般不应出现繁体字词。

例：秀外惠中（正：秀外慧中）；什麼（正：什么）

### 6) 英文拼写错误

黑马校对可以校对英文单词的拼写错误，目前还不能校对英文语法错误。

例：econamic（正：economic）

### 7) 标点错误

黑马可以校对的标点错误包括：成对标点使用不当、两个标点挨在一起、省略号使用不当等。

例:雨还在悄悄地下着……。(正:雨还在悄悄地下着……)

### 8)数字性错误

黑马校对可以校对出不符合逻辑的数字错误和不规范用法等。

例:到了 99 年(不规范写法,应为 1999 年);去年 2 月 31 日(2月没有 31 日)

### 9)科技计量单位错误

黑马校对可以校对出一些科技计量单位用法不规范的常见错误。

例: 1m75(正:1.75 m);15G(正:15 g);16 公分(正:16 厘米)

### 10)重句错误

重句错误多是由排版人员的重复排版而产生的错误。黑马校对的重句检查功能可以有效地检查出文章里的重句错误。

### 11)目录错误

目录错误主要是目录页中的标题名称、页码与正文中的标题名称、页码不一致。特别是多次改版的图书经常会出现此类错误。

### 12)标题错误

校对文稿中各级标题的字体、字号是否一致。

### 13)序号错误

校对文稿中出现的公式、表格和图例的序号是否正确。

### 14)用户自定义错误

黑马校对可以校出用户自己定义的各类错误。

## 7.2.2　机校必须与人校相结合

不管哪种校对软件,它们一般是依据我国最新版的《现代汉语词典》《辞海》《成语词典》和国家最新公布的标准以及语言文字规范制作而成的,在快速、准确校对汉字词语方面都有着人类不可比拟的优势。但是,校对软件毕竟是一种计算机软件,它纠错能力的大小完全取决于人们事先录入的资料信息,如果输入的资料信息不全或者存在错误,其纠错能力必定受到影响,误报率就会升高。校对软件与人类的大脑毕竟是不同的,校对软件是人们通过编程软件制作的,不具有人类的思维,其在校对文字、专业术语、量和单位、专业名词和标点符号等方面还可以,但在校对宗教、保密、地图等方面的是非问题上则存在明显的不足;除了不能准确校是非的局限性外,校对软件还存在很多局限性,如校对软件在检查图片、表格,期刊封面、扉页、版权页,文字注释、出处、参考文献,作者姓名、单位名称等方面存在局限性。校对是一项高度智能化的工作,它不仅依赖于各种知识,而且依赖于校对人员对作者创作意图的了解,排疑也离不开校对人员,因此完全脱离人的计算机校对是远远不够的。在校对过程中,只有采用人校与机校相结合的方法,优势互补,方可实现最佳的校对效果。

目前,校对软件一般用于二校或三校之后的通读,原因是一般书稿一校样上的差错较多,再加上软件误报的差错,排疑会耗费很长的时间,所以一般不用于一校;而经过人工一校或者三校后,消灭了大多数错误,再用软件校对,就会大大提高校对质量。

# 任务3 校对符号的使用

校对符号是用来标明校样上的错误及如何改动的记号,是沟通作者、编辑、校对人员、排版人员之间联系,表达校对人员意见的一种特定标记符号。版面上的错误是多种多样的,各种错误的校正都有相应的符号,校对人员只有正确地掌握校对符号,才能准确无误地表达自己的意图,方便编辑的排疑和录排人员的改版;否则会造成徒劳的反复改动,耽误改版时间,延缓出版周期。熟练、规范地使用校对符号,是一名校对人员应掌握的基本技能。

为了有利于出版校对技术标准化、规范化,国家技术监督局于1993年先后发布了中华人民共和国国家标准《校对符号及其用法》(GB/T 14706—1993)和《图像复制用校对符号》(GB/T 14707—1993)。其中《校对符号及其用法》(GB/T 14706—1993)规定了校对各种排版校样的专用符号及其用法,适用于中文(包括少数民族文字)各类校样的校对工作。《图像复制用校对符号》(GB/T 14707—1993)则规定了图像复制和制版使用的校对符号,适用于委印者与承印者之间以及印刷、制版企业内部对图像修改表示具体要求的统一说明。简言之,前者主要针对字符的改动,后者主要针对图形图像的改动。前者在实际工作中使用更为广泛,校对人员应熟练掌握,本节重点介绍《校对符号及其用法》。

中华人民共和国国家标准《校对符号及其用法》(GB/T 14706—1993)于1993年11月16日由国家技术监督局发布,1994年10月1日开始实施,对校对符号的功能、用法和使用注意事项作了说明。该标准中校对符号共21个,按用途可以分为四类:

①字符改动的符号有4个:改正、删除、增补、改正上下角符号。

②字符方向位置移动的符号有10个:转正、对调、接排、另起段、转移、上下移、左右移、排齐、排阶梯形、正图符号。

③字符间空距改动的符号共4个:加大空距,减小空距,空1字距、空1/2字距、空1/3字距、空1/4字距,分开符号。

④其他符号共3个:保留、代替、说明符号等。

在实际校对工作中使用以上标准的校对符号还必须注意以下几点。

①使用校对符号要严格遵照《校对符号及其用法》中的规定,不可杜撰符号。

②改正的字符必须誊写清楚,校改外文要用印刷体,以免误导改版人员,造成漏改、错改。

③校对引线一般要从校样的行间画出,将改正的字符写在附近的版心外空白处。同种颜色的引线不能交叉,以免混淆改版人员视线,使得改正的字符对应错误;不可避免的情况下,可以使用其他颜色的笔。

④所有行间改动的校对符号,都应在校样空白的地方标注出来,以免改版人员出现漏改的情况。

⑤在连校时,不同校次校对人员必须用不同颜色的笔书写校对符号和示意改正的字符,不能用灰色铅笔书写;质疑时使用铅笔标注,编辑认定后必须用有颜色的笔重新改错。

⑥若使用校对符号仍不能准确表达意图或造成歧义,需旁注文字加以补充说明。

总而言之,校对符号的使用给校对工作带来极大的方便,提高了校对工作效率,保证了出版物高质量地出版。随着校对工作的进一步深入,校对符号及其使用无疑也需要不断修改与完善,以发挥更大的作用。

## 思考题

1.简述五种校对技术各适合哪类书稿的校对。

2.计算机校对能否代替人工校对？谈一谈你的看法。

3.校对符号在使用过程中应注意哪些事项？

# 模块8

# 常见书稿的校对

**知识目标**

1.了解常见书稿的种类及特点。

2.了解常见书稿校对注意事项。

**能力目标**

1.能够承担常见书稿的前期校对工作。

2.能够在校对工作中,养成不断总结的习惯。

# 任务 1　社会科学类书稿的校对

社会科学是指用科学的方法,研究人类社会的种种现象的各学科总体或其中任一学科。社科类书稿包括:经济学、政治学、法学、伦理学、历史学、社会学、心理学、教育学、管理学、人类学、民俗学、新闻学、传播学等方面的内容。本节主要介绍常见的政治及文艺类书稿的校对。

## 8.1.1　政治类书稿的校对

政治类书稿主要是指宣传马列主义、毛泽东思想和党在各个不同时期的基本路线、方针、政策的书稿,其任务是对广大群众进行思想教育。因此,它具有政治性、政策性、原则性强的特点,时间有时要求也较紧。这就要求校对工作要做到既快又好。快,是指要集中人力、抓紧时间;好,是指要保证质量、避免出错。为了达到这一目标,应从以下几个方面加以注意。

①首先要注意的是要保证一些重要词汇的正确。包括:领导人的姓名、国家名称、政党名称以及路线、方针、政策的名词等,这些都要求绝对正确。对一些政治性的反义词,要特别警惕。例如,"唯物"与"唯心","无产者"与"有产者","左倾"与"右倾","社会主义"与"机会主义"以及"革命"与"反革命"等。在校对时,对这些字词,不仅要注意它们的字形、字音,还必须思考它们的含义。当然,另一些词汇也不能忽略,如"路线"错成"线路"、"事故"错成"故事"、"会议"错成"议会"等。"共产党"也常有颠倒成"共党产"的;"文化大革命"有少了一字错成"文化革命"的;"无阶级社会"有多了一字错成"无产阶级社会"的。在校对政治书稿时,要始终格外地仔细。千万不要心存侥幸,以为前面都没有错或错误很少,后面可以轻松一些、大意一些。务必要做到字字落实,始终如一。

②另一个要注意的方面是引文。政治书稿中引文较多,有的是经典著作,有的是历史文献,也有的是党的政策、法令、领导人的讲话等。引文由于经过辗转抄录,往往有误。在校对时除按原稿保证不错外,发现有疑问之处,要及时提请编辑注意。手头有原件的,可以仔细核对,力求不发生差错。引文的注码是按原稿编排的,排成校样后,应按校样调整,不能依样画葫芦,以致张冠李戴。

政治书稿中的年份，关系到历史事件的时间，也是不能错的。有些近代乃至当代重大政治事件的发生时日，应该牢记于心。如鸦片战争、太平天国、辛亥革命、北伐、国共合作、西安事变、抗日战争、"五四"运动、"一二·九"运动、解放战争、三大战役、新中国成立、抗美援朝、"文化大革命"、打倒"四人帮"、十一届三中全会等。这样在校对时，可以随时参照，避免时间有误。

标点与文字密不可分。政治书稿中的标点，有时关系重大。比如，在一句口号或祝词之后，应该用"！"号，却错成了"？"号，这就会铸成大错，造成严重后果。又如某书中有这样一段文字："小资产阶级，如自耕农，手工业主，小知识阶层——学生界、中小学教员、小员司、小事务员、小律师，小商人等都属于这一类。"这段文字在初版时，"小商人"之前为顿号。我们经过比较可知，在用顿号时，"小商人"归属于小知识阶层之中；而改成逗号，则"小商人"与"自耕农""手工业主""小知识阶层"并列，表达更为确切。由此可见，即使是顿号和逗号，有时也关系到文义的正确表达，所以我们对于政治书稿中的每一个标点，都要仔细校对，不能掉以轻心。

校对人员要加强学习，跟上形势。国内外形势是不断发展变化的，我们只有不断学习时事政策，才能使自己的思想认识与时俱进，跟上时代的步伐。这样，在校对政治书稿时，思想上与新观点、新提法合拍，而不至于格格不入；对于原稿上的过时提法或陈旧观点，也能及时发现。另外，国际上一些国家领导人的变更，国名的变换，国家间关系的恶化和好转等也只有通过不断学习，才能掌握。只有加强学习，在校对政治书稿时才能得心应手、应付自如。

## 8.1.2　文艺类书稿的校对

### 1）小说稿校对

小说类稿件有曲折动人的情节、丰富多样的词汇、明白晓畅的语言。校对小说稿的首要注意事项是，不能像读者那样去阅读，要时刻警惕自己的思路陷入小说情节里去，应该时刻想着自己是在工作，是在进行一项责任重大的校对工作。当然，在校对过程中，难免不为那些英雄人物的奋斗成功而赞赏激动，或为他们受挫失败而痛心叹息。在这种时候，宁可稍事休息，使自己的心静一下再继续工作，否则很可能放过差错。

小说，特别是长篇小说，人物众多，故事曲折，时间跨度大。在校对这样的书稿时，最好准备一张纸将人名、地名以及出现的大事作些记录，以便前后照应。人名前后不一致的错误，在原稿上是常见的；情节阴差阳错甚至使死人复活的疏漏，也不是绝无仅有。如果没有记录，在一部几百页的巨著中前后翻找就会相当困难。

小说的天地非常广阔,在构思上,作者可以纵横驰骋,信马由缰;语言词汇的使用不受限制,非常丰富。因此作品里运用民谚、俚语、对联、诗词之多,超过其他类书籍。还有的作者,可能文思潮涌,洋洋数万言一挥而就,也因而讲究不了遣字造句。正因为这些原因,在小说稿件里,错字、造字或引喻不当之处,就显得比其他稿件要多得多,这就会给校对带来许多麻烦。有些是我们所知道的,有的也许是我们前所未见的。对于这些,校对应该尽己之力解决,能确定错的要改正,有疑问的要提出来,自己不熟悉的要多查多问,努力弄懂。对于成语和常见谚语,要按约定俗成来使用。

### 2）诗歌稿校对

诗歌是文学中的一大类,为人们所喜爱。它尽管语言简省,却精粹含蓄,给人们以美的感受。因此好诗不胫而走,广泛流传,影响所及,千年不衰。

诗歌是丰富多彩的。这对读者来说,有选择欣赏的余地,可以各取所需;但对校对者来说,却增加了一定的难度,要注意不同诗歌有不同的特点。

从版式角度考虑,多数古诗的排式比较规整,比较容易校对。由于绝句律诗字数相同,多字少字现象容易发现,这类错误相应减少。校古诗的难处,在于一些(有时很多,如骚、赋)古字已很陌生,如果原稿抄写不清,有时很难辨认,甚至错了也难发现。如某书稿唐代诗人李白的一首古风中"如何舞干戚,一使有苗平"的"干戚",被错排成"于戚",几个校次都放过去了,就是因为"干戚"究竟是什么,现在好多人都不是很清楚了。至于"语不惊人死不休"的杜甫诗中的生疏难懂的字,就更多了。可见校古诗之难,首先在于不懂。所以校对人员必须具有一定的古典文学基础,方能胜任。现在出版古诗,一般都加注释,在校对时把两者前后对照,日积月累,定能有所长进,校对起来就会渐渐得心应手。另一方面,由于古诗大多加注,有的还有作者简介、作品分析、古诗今译等。而这些内容的字体、字号,往往又与古诗正文有别,校对时要照应到前后使之一致。

今诗的排式,比较复杂,原因是它的诗句长短不一,长行可达二十字以上,短的可能只有一个字。大体上有两种排法。一种是左空几个字,右边不管。诗行字数多而一行排不下时,转行排再缩进一两个字;另一种是以诗的最长行为准,居中排。有一种阶梯式的诗行,校对时更需注意,要切实按照原稿的写法校正。下面摘引贺敬之的诗为例:

无边的大海波涛汹涌……

呵,无边的

　大海

　　波涛

　　　汹涌

这种阶梯式的诗行,作者在其中表达了他强烈、饱满的感情,也显示了诗歌的韵律和节奏,一定要按照原式来排;有时排版人为了"省事"把它"简化"了,这是不行的,务必校正。

另外要注意的是诗歌各小节之间的空行问题。这在一般情况下容易掌握,较常发生多空少空错误的是在换面之际,如在本面之末空了一行,到了下一面之首又空一行;或两处都应空而没空。还有一种情况是在校对翻版稿时,对于原有空行注意不够,以致没空行而接排,这也多发生在首行或末行。所以关于空行,要着重注意版面的首末两处。

校对翻版稿的诗歌(即以印样为原稿)还有一个大问题要注意,有的诗歌先在刊物上发表时,采用两栏的排式。因此每行可容纳的字数就少,转行的诗句相应增多。现在从两栏转为一栏排版,原来转行的诗句,可以不转行了,而编辑在整理原稿时,常因注意不够,造成不必要的转行。这不仅破坏了版面的美观,也影响了读者的阅读,还和有的应该转行诗句(作者本意要在某些字、词处转行)相混,应该说是原稿的重大疏漏。校对时发现这类情况,应提出请编辑注意。

有的古诗集为节省篇幅,统一排版体例(如同时排有古风、长歌律诗、词曲等时),采用满版接排方式,也是常见的。校对时注意不要忽略了中间字空。如词曲,往往分上下阕,而在其间空两字的空位,以示区别。而排字时常易疏忽,校对时必须校正。对于加注的诗歌,要注意注码的安放,要紧靠所注的字、词、句;注码有排在行首的,要设法调整。

在文章中引用诗词时,要注意前后排式一致及字体、字号的统一。如发现问题,尽可能查对核实,并提请编辑注意。

诗句居中排的书稿,一般页码也居中排。注意诗集前言、后记的页码,也应统一体例,页码居中。不能按照一般文稿的排法,排在版面的左边或右边。

有的诗集按照书稿正文的排法,只规定前边空的字数,这种排法的页码多靠切口。

有的诗作者在诗前写一点简短的说明,叫作"诗序"。不能把它混同于副题,应在标题与诗序正文之间空一行,并前后各空数字。

校对诗歌时要注意小段间的空行,有时原稿空行,但未加"空行"批注,应统一全书体例。长句的转行空格应统一规格。

### 3)剧本校对

剧本的特点是格式比较复杂,符号多,各种说明文字多,校对时比较费事,而且不易照顾周全。表现在质量统计上是出错率高。但只要自己肯下功夫总结,掌握它的规律性,校对起来也不是十分困难的。校对时须注意以下几点。

在校对前,先大体上翻阅一下原稿。附有排版说明的,可细看一遍,对版式,体例有个大致了解。

在校对之初,可准备一张白纸,把一些经常出现的字体、字号、符号以及占行、回行等排式记一下。这样在校对时,遇到同样的情况,可以参照处置,不必花很多时间去前后找寻了。

通常所见,剧本开头,总是有几句简单扼要的关于背景的揭示,即说明该剧发生于何时何地。然后是关于场景的介绍,再接下去就是点明登场人物。以上这些,都还不是剧本的"正身",因此都要用不同于正文的字体(如正文用五宋,则它可用五仿)或用小一号字排,左右比正文多空几字,在开头用一个六角括号等。总之,这一部分文字,要采用不同的形式,以区别于正文。

随着人物动作或台词开始,剧情逐渐展开。这时,应该时刻注意穿插在台词间的"说明",它往往用圆括号括起,并用不同于正文的字体以示区别。另段起的说明回行时,应排在六角括号之后,齐上一行字头。需要特别留意的是,有时说明只是短短的几个字,作者也可能忘了加括号,就容易混在台词之中。能兼顾文义,则较易发觉这类错误。

在校对正文时,还要注意两类错误:一是人物的上下场没有交代;二是台词张冠李戴或前言不搭后语。这类错误,大都由于原作者疏漏,或编辑加工增删不慎而造成。校对人员发现了,要及时提请补救。

演唱的剧本,在人物后、唱词前加"(唱)"字,表明下边是唱词。唱腔说明加一对黑括号,字体不同于正文。唱词可另行排,每句都另行,比道白的位置缩进两字,回行再缩进一字。

由于剧本所用字体较多,版式也较复杂,可将这些内容专门检查一次,以保证质量。

# 任务 2  自然科学类书稿的校对

自然科学是研究无机自然界和包括人的生物属性在内的有机自然界的各门科学的总称。自然科学类书稿包括数学、物理学、化学、天文学、气象学、农业科学、生物学、医学、材料科学等方面的内容。本节主要介绍在校对自然科学类书稿时的一些注意事项。自然科学类书稿的特点是:名词、专业术语多,符号、数据、公式多,表格、插图多,外文、注释多,不少书稿还附有索引或参考文献等。因此,校对时需要注意的面也广。初校这类书稿,会感到头绪纷繁、眼花缭乱。但只要在实践中注意总结,掌握规律,就能逐渐驾轻就熟。

## 8.2.1  文  字

自然科学类书稿的文字,大都简洁明了,较少有虚言浮辞,但也有少数作者,不擅遣词造句,语言文字拗口费解。校对时如遇这种情况,可提请编辑注意。

自然科学类书稿中频繁出现的科技名词和专业术语,对于正确表达内容是至关重要的。有的名词,似乎只有一字之差,却具有两种截然不同的含义,绝对混淆不得。我们不仅要切实按原稿校对,也要联系上下文义,注意有无笔误。还有一物多名的现象,也应注意。如"抗坏血酸",又叫"维生素 C",也有写作"维他命 C"的,应该使用规定的名称。

度量衡单位名称的正确使用和统一,是校对时应注意的重点之一,特别要防止一些废用旧称的出现。由于人们积习难返,至今还不时在报刊影视中出现早已废用的旧称,例如"公升"(应作"升")、"公尺"(应作"米"),这是很不应该的。作为科技书刊,更应率先避免。

校对数字,务必做到对原稿负责,保证绝对正确(包括与数字有关的小数点等)。数字稍有差错,轻则造成损失,重则酿成事故,这样的教训是不少的。

自然科学类书稿中,外文种类较多,所以首先要注意区别文种。除要校对正确外,它的大写、小写,正体、斜体,也是不容易忽视的。有时这方面稍有疏忽,也会铸成大错。如:同是 C 和 O 两个拉丁字母在一起,Co(一大写,一小写)是化学元素钴的符号;CO(都大写)则表示一氧化碳。

## 8.2.2　符　号

自然科学类书稿中的符号是文字的有机组成部分,无论是数学、物理、化学类书稿,或是生物、气象、地质类书稿,都有许多各自常用的符号。它们之间,有的只有些微差别,排版时固然容易搞错,校对时稍一疏忽,也易混淆漏校。倒如"∠(角)""<(小于)"这两个符号,在手写稿中往往很难立即判断,需要从上下文字意义上去区别。又如化学符号中的"↓(沉淀)""↑(气体)";数学符号中的">(大于)""<(小于)",它们外形一样,只是方向相反,弄混了,意义也就相反了。某些符号和某个标点相似,只是地位不同,这也需要注意。例如"。"号,作为句号,靠下;而作为温度或经纬度符号,则靠上。"."号,有时在自然科学类书稿中,作为句号使用,须全书一致;不要在这儿用"."号,在那儿又用"。"号。

自然科学类书稿中的角标是相当多的,校对时要切实按原稿核对。首先要注意它的位置,有的在右上角,有的在右下角,不能互错。有的角标比较复杂,还要注意它的各级字号(逐渐小一号)、字体(正、斜)等。

## 8.2.3　公　式

校对数学公式必须严格依据原稿。这时除了逐符校对外,还应依据原稿上公式的写法(如字母、符号的地位高低、大小写、字距,符号线的长短,公式是一行还是分行,部分公式间的空开等),不作任何增删或改动;也不要以一般数字常识来处理公式;更不得凭经验想当然地去解释公式或符号。因为数学公式的排法不当或轻率改变,都会造成内空错误。下面简要列举一些应该注意的地方。

①公式的排法。公式以居中排为原则;公式的序码加圆括号排在同行末顶格;公式与序码间不加连点。

②公式中代号说明的排法。公式中代号说明:如"式中""其中""这里"等短词均顶格排。说明的内容有两种排法,一是分行排列,代号后用破折号(各号上下对齐)。如:

$$A = \pi r^2$$

式中　$A$——圆面积;

　　　$r$——圆半径。

另一种是接排。如:

$$A = \pi r^2$$

式中,$A$ 为圆面积;$r$ 为圆半径。

③公式中的字体。公式中的主体拉丁字母一般用斜体,俄文字母一般用正体,

缩写字母(sin,lg,max 等)用正体,阿拉伯数字用正体。

④公式中的字距。公式中各种符号、缩写字、字母、数字之间都要有适当空距,一般空距同号字的 1/3 或 1/4。

⑤公式中的主体要对齐。公式中的主体要排在同一水平线上。

⑥公式的主线要对齐。每个繁分式都要有一主线,这根主线与运算符号要在同一水平上。

⑦不能交叉排。组成公式的几个不同部分,不能相互交叉在一起。

⑧上下式应对齐。在同一处排有几个公式,而又有相同的关系符号,则把上下几个式子的关系符号(加等号)对齐排列较为美观。

⑨上下限的排法。积分号上下限数值排法,习惯排在积分号的右上角和右下角。

⑩行列式和矩阵的排法。行列式中行与列的元素应左右上下对齐,各元素间一般要有对开空距,中间不用逗号。

⑪公式的变换。有时为了版面安排的需要或便于转行,公式可以改变形式。

⑫数学公式的转行。较长的数学公式,在版面上一行排不下时,必须作适当的转行处理。转行要做到意义正确、排式匀称。转行最好选在等号(=)或其他关系符号(如>、<)处,其次在加减号(+、-)或乘号(×)处。转行时,各种符号都不能放在下行之首。转行后,上下行等号宜对齐,其他符号宜低于等号;两行可左右拉开或均居中排。要注意在转行时不要把符号和它后面相关的内容拆开。

⑬数学上的[,)(,]是二种表示闭开区间的符号,不要误认为是用错一半的圆括号和方括号。

## 8.2.4 图 表

自然科学类书稿的图表,跟其他书稿的图表一样,应按照先见文字后见图表的原则安排。如拼版时受版面限制,也可前后稍作挪动,但最好不要与有关文字分居两页;绝对不能跨节。占两面的图、表,注意先双码后单码安放。单占一页的图、表,要在文内注明"见图××,表××"字样。

有的插图,形貌相近,要注意找出它们的不同特点,以免张冠李戴。有的图版,在制作过程中被做反了,校样上表现为与原稿上的图样左右异位,这种图必须重做。有的图即使上下倒置,差别不大,但图像意义是荒谬的。所以我们在校对自然科学类书稿插图时,必须十分细心,要注意它的细微特点,还要图文对照,使两者相符。

校对表格的注意事项,与一般书稿的相同。需要注意的是,科技图书中往往数字统计表格较多,数码字身较小,有时不易看清,校对时务必认真耐心地一一核对。另外,还要注意它的对位和排式整齐美观。

图表多的书稿,还要注意图序或表序的正确,防止重复图或漏图。

## 8.2.5　其　他

校对"索引"要注意索引条目后的页码,必须与正文逐条核对,不能有错。错了就起不到索引的作用了。还要注意条目排式(顶格、低格、转行)的统一。

# 任务 3　教辅类书稿的校对

教辅,即"教学辅导"的简称,是教学辅导类图书资料的总称,也称同步辅导、参考书等,是一种辅佐教材的参考性书籍,往往由知识讲解和练习题组成。其使用者包括学生、教师及教研员等。教辅图书在图书市场中占有相当的份额,教辅类书稿也是校对员在校对工作中常见的一类书稿。本节主要介绍教辅类书稿的校对。

## 8.3.1　人名、地名和常识性差错

①人名差错。比如,误将《颜氏家训》的作者"颜之推"写为"颜推之"等。

②地名差错。比如,误将"捷克和斯洛伐克"两个国家连写为"捷克斯洛伐克"等。

(捷克斯洛伐克是 1918 年 10 月 28 日—1992 年 12 月 31 日存在的联邦制国家,现已不存在。)

③常识性差错。比如,某书解释"岁试"为:秀才考举人前的一次考试,每三年举行一次。("岁试"是每年考一次,参加"岁试"的应是童生。)"心理学之父卡列基"(此人是美国著名企业家,后成为演讲口才艺术家)。(某社《新思维作文高中版1》)

## 8.3.2　文字差错

文字差错是历次检查中存在的较为普遍的问题。包括文字的讹、脱、衍、倒之

误,以及音同、形似导致的错误。

比如,看"者"(着),"额"(客)观规律,吓得"更"(要)死,笙"萧"(箫),壮志难"筹"(酬),"插"(叉)腰;又如,"从我妈手中抱过我"错为"从我妈手中抱头鼠窜过我","无数可歌可泣的事迹"错为"无数能干可歌可泣的事迹"。(某社的《中学生话题作文黄金宝典》)

此外,还包括英文单词拼写错误和大小写错误。比如,"sparkled(闪烁)"错拼为"sparkied","or"错拼为"of"(某社《中考错题本——易错典型题测练(英语)》);"Car"应为"car";人名"ross"应为"Ross"。

### 8.3.3　语法性差错

①词意重复。比如,"经过加工后的海藻还具有牛肉味、鲜鱼味、红烧肉味,香甜可口,令人唾液生津。"("津"即"唾液")

②句式杂糅。比如,某书中出现这样的病句:"他曾荣获'百名优秀教师'、'优秀德育工作者'、记三等功等荣誉称号。"

③搭配不当。比如,"曹操此时正想打听(应为"了解")刘备的心理(应为"想法")"(某社《作文主题公园高中版2》);再如,"一张倡议书""一首谜语"等。

④语句不通。比如,"亲身经历的事情属于我们生长的范围,可遇不可求";"作文要一气呵成,结尾与前面正文一线相生,不可缺痕。"

⑤用词不当。比如,"国家陷于战火,人民狼奔豕突在兵荒马乱之中。"(某社《作文主题公园高中版1》)("狼奔豕突"形容成群的坏人乱冲乱撞,到处骚扰,是贬义词,用在这里感情色彩不对。)

⑥逻辑性错误。比如,"作文字数不限,不少于 700 字";"双眼皮下长着一双又大又亮的两眼。"

此外,还包括英语句子语法错误。比如,"It is the said that old man Zhang is the only one of those alive who has seen a dragon."(某社《高二英语优化备考》)中,第一个"the"应去掉。

### 8.3.4　题目与答案差错

①题目本身存在错误,无法解答或答案不唯一。比如,某单选题有两个"正确"选项;题干是"有两个错别字的一组是( )",答案为 B,但实际上有两个选项符合题干要求。

②题目的参考答案错误。某题按题干要求应选 A 项,而答案误为 B 项。

③题目重复、答案缺漏。一份测试题中题目重出,后者将前者的 B 项与 C 项的

位置加以调换,仅增加 5 个字。

## 8.3.5　未作技术整理遗留差错

此类问题主要表现为:

①封面、扉页、版权页、书眉、书脊、CIP 数据不一致。比如,封面、扉页缺作者项;封面为"彩图版",扉页未标注(某社《中国少年儿童百科全书人类·社会》);封面为【超值豪华版】,书脊为【豪华纪念版】(某社《历届中考满分作文精华全选》);封面为"中学生限字作文 900 字",书脊为"中学生新限字作文·900 字"(某社《中学生限字作文 900 字》)。

②封面三要素(书名、作者名、出版者名)缺项,版权页标注字数和图书实际字数相差悬殊,缺少责任编辑姓名等。

③内文同一表述前后不一致,主要是目录与正文不一致、前后词语使用和叙述不一致等。比如,外国人名、地名的译文不统一,同一段文字中"他""她"混用等。

④排版不规范。比如,目录部分没有页码,且从背面开始(某社《作文主题公园高中版 2》);目录从双页码起排(某社《直击小学生高分作文》);页码从扉页开始一直串到最后(某社《作文主题公园高中版 3》);标题句末有标点,回行格式不统一,标题字间距大小不一(某社《作文主题公园高中版 1》)。

⑤文字、拼音等错误。比如,"中考"两字下注音为"GAO KAO"(某社《历届中考满分作文精华全选》);封面上引用内文"总是喜爱看妈妈穿裙子"错为"总是喜爱看妈妈穿魄的裙子"(某社《中学生话题作文黄金宝典》)。

## 8.3.6　引用原文差错

①引用名人、名句、名段、名诗出现差错。比如,引用辛弃疾"宝马雕车香满路"时错为"香车宝马香满路"(某社《中学生限字作文 900 字》);"嵇康"错为"稽康"。

②题目中引用的语文课文与教材原文不一致,因漏字或改字导致课文原意改变。

③评语或者点评在引用原文时不一致。比如,"纯真的心"错为"纯洁的心";"屋里有人推门开窗"错为"屋里有人推开窗"。

④所选作文在不同的出版社出版时,没有保持原文原貌,被加工成另一篇文章,甚至将作文原名进行更改。

## 8.3.7 数理化类教辅书错误

涉及大量算式、方程、公式的数理化类的教辅书主要在以下方面容易出现错误：

①编写体例前后不一。选择题各个选项后是否加标点没有统一标准,时加时不加;绝对值的竖线分成两行排列;负数的负号在上一行末尾而数字则在下一行开头。

②图表的内容与说明文字不符,字体、字号错误等。文中说图中有阴影,但图中无阴影;文中说图中 Q 点,但图上标为 O 点;文中说图是人体 8 大系统图,但提供的图却是单细胞生物图(某社《新课标初中数理化生公式定理手册》)。

③图形不规范。文中说是等腰三角形,但图形明显是不等腰三角形;文中说是相等线段,但图形中的线段明显一长一短。

④格式错误,包括转行不规范,外文字母的正斜体搞错。数理类图书中代表物理量的外文符号、点线面的代号、部分外文符号的下角都应是斜体,而单位、分图号及物体代号应是正体。

⑤数字、公式及答案错。某社《小学奥赛高级教程》10 万字,数字、公式和答案共错 23 个,其中答案错 9 个。

## 思考题

1.社会科学类书稿校对要注意哪些问题?

2.自然科学类书稿校对要注意哪些问题?

3.做好教辅类书稿校对有何重大意义?

# 现代校对的实践

**知识目标**

1.掌握校对符号的使用方法。

2.掌握校对方法和灵活运用校对技术。

3.掌握常见的差错类型。

**能力目标**

1.能够规范地使用校对符号。

2.能够规范地使用各类校对方法和校对技术。

3.能够校改常见的差错。

# 训练 1　校对符号的使用

**必备知识:**《校对符号及其用法》

**训练目的:**掌握校对符号的用法;熟练、规范地使用校对符号改正各类差错。

**训练要求:**能够熟练、规范地使用校对符号改正各类差错。

**训练步骤:**①学习《校对符号及其用法》;

　　　　　②使用校对符号改正各类差错。

**案例演示:**

**校对符号应用实例**

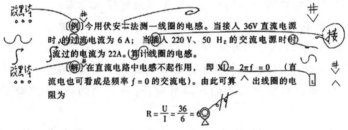

**实操题:**

1.使用校对符号改正下列语句中的错误

(1)中学生是青年学生学习的重要阶段。

(2)近几年来文坛非常活跃,小说、散文、诗歌的数量和质量都显著增加了。

(3)我们不但盖出了林立的工厂、学校、住宅,而且盖出了人民大会堂和历史博物馆这样宏伟浩大的工程。

(4)从事这种工作的人,他们的思想负担和精神状态往往是沉重的。

(5)在诗歌朗诵会上,她的感情表现得很丰满。

(6)通过这些事实,使我们认识到进行爱国主义教育的重要性、必要性和迫切性。

(7)鲁迅先生在斗争中创造了杂文,成了文学艺术中的奇葩。

(8)我们要为把我国建设成四个现代化的社会主义强国。

(9)这是一本对青少年进行道德品质的教材。

（10）在我遇到困难,他总是想方设法帮我解决。

（11）大家的不同意见,主要集中在如何更彻底的改革陈规陋习。

（12）往事的回忆又像电影一样一幕一幕地在我眼前映现。

（13）一立方米的空气中最多可以包含水汽是 17.30 g。

（14）母亲雪白的乳汁,哺育着婴儿的生机。

（15）我们要为建设现代化的社会主义强国的美丽前程而贡献出自己的一份力量。

（16）这句话的后面,包含了多么丰富的"无声"的潜台词呵。

（17）这次运动会共进行了六十九个比赛项目。

（18）故宫博物院最近展出了两千多年前新出土的文物。

（19）中国政府一贯认为和平谈判是最好的解决边界问题的办法。

（20）驰名中外的我国万里长城不是最近的事。

2.使用校对符号改正短文中的错误

近日,睽违十余载的老同学 A 君,偕夫人从日本横滨归来。由 B 君发起,昔日同窗相约在绿草 如荫的 S 公园相聚,为 A 君夫妇接风洗尘。

改革开放,使我们如沐春风,许多同学开拓进取,事业有成。

就拿 B 君来说吧,上学的时候,他有些愚纯口讷,每当老师提问,他总是吱吱唔唔,答不上来。高中毕业后,他将自家的频街房改成一片店,经营风味小吃,如今已是一家酒店的老板。经历十几年的商海磨厉,昔日口讷的他,竟然口若悬河,一副自信的样子。

C 君是一家公司的经理,他声如宏钟,未见其人而先闻其声。他长年在外招睐生意,深暗商海沉浮之要诀,虽几经挫折,仍执著不缀,终于度过难关,创出一蕃事业,成为 S 城颇有实力的私营企业家。

D 女士已是小有名气的作家,他的作品,大多是表现情感缠绵绯侧的,也有针砭时敝、激浊洋清之华章。她虽年逾不惑,却童心不抿,还写了不少充满童情童趣的作品。

当年班上的文体委员 E 君,今天却一反常态,郁郁寡欢。我问他近况,他未曾开言,眼泪竟自潸潸流了下来。原来他妻子因身患绝症,于数月前香消玉陨,撒手人寰。他身为医生,却未能及早察觉妻子的病症,以至遗误了治疗的最佳时机。这使他后悔莫及、遗恨终生。他俩口子一直相濡以沫,亲密有加,妻子的去逝,使他精神上受到沉重地打击,感到生活象一滩死水。听罢 E 君坦露隐衷的一番话,我强忍泪水劝他不要沉溺在往事里。

这时,A 君伉丽在 F 君陪同下来到公园酒家,欢声笑语冲淡了刚才的伤感气氛,我拉着 E 君入席。酒菜上齐了,做东的 B 君端起酒杯说:"为昨天的友谊和今天的相聚,为各位的事业和健康,干杯!"大家都举杯一饮而尽。"

# 训练2　校对方法的运用

**必备知识:**对校法、本校法、他校法、理校法的概念及内涵。
**训练目的:**掌握四种校对方法的功能及使用。
**训练要求:**能够使用校对方法,找出原稿和校样中的差错。
**训练步骤:**①参看案例演示;
　　　　　　②使用合适的校对方法完成实操题。

**案例演示:**

1.对校法

校样。

爱看好莱坞影片的人,大慨都看过《宾虚》一片。它是根据一部同名小说改编的。作者路易斯.华莱士,原是美国内战时期的一名南军的将军。这部片子所描写的是纪元初一个古罗马的故事,其中车战的弘大场面,最扣人心弦。哪些驾车的战马,也颇为了得,只是作者用来称呼他们的名字,却犯了个"时代的错误":如一匹马名为"天狼星",还有一匹名"参宿2"等……。因为这些星宿的名字,是公元1000 年由阿拉伯人命名的,《宾虚》的故事,却发生在公元初。这就好比李逵的腰里挎的不是两把板斧,而是一把左轮手枪一样。除《宾虚》之外,华莱士还有一本很不错的小说,那就是"印度王子",一般供我国学生阅读的英语简宜读物里,都会收有这一本书。但一涉及天上的事,华莱士开口即错。这故事里说一个天文学家,半夜站在印度一户人家的屋顶上看星星,居然看见了金星。要知道在印度,也如我国一样,人在半夜是看不见金星的。这时侯,它还躲在西方的地平线下,只有到了天要破晓时,它才露头于西方。《诗经》《大东》里有句说:"东有启明,西有长庚",这启明与长庚,说的都是金星,既晨见于东方者叫"启明",夕见于西方者叫"长庚"。印度与我国均是东方的国家,能看见金星的时间,相差不会很大。华莱士生于西方,又不懂天文的常识,就"以此推彼,想当然耳。"

原稿。

爱看好莱坞影片的人,大概都看过《宾虚》一片。它是根据一部同名小说改编的。作者路易斯·华莱士,原是美国内战时期的一名南军的将军。这部片子所描写的是纪元初一个古罗马的故事,其中车战的宏大场面,最扣人心弦。那些驾车的战马,也颇为了得,只是作者用来称呼它们的名字,却犯了个"时代的错误":如一匹马名为"天狼星",还有一匹名"参宿2"等。因为这些星宿的名字,是公元1000年由阿拉伯人命名的,《宾虚》的故事,却发生在公元初。这就好比李逵的腰里挎的不是两把板斧,而是一把左轮手枪一样。除《宾虚》之外,华莱士还有一本很不错的小说,那就是《印度王子》,一般供我国学生阅读的英语简易读物里,都会收有这一本书。但一涉及天上的事,华莱士开口即错。这故事里说一个天文学家,半夜站在印度一户人家的屋顶上看星星,居然看见了金星。要知道在印度,也如我国一样,人在半夜是看不见金星的。这时候,它还躲在西方的地平线下,只有到了天要破晓时,它才露头于西方。《诗经·大东》里有句说:"东有启明,西有长庚。"这启明与长庚,说的都是金星,即晨见于东方者叫"启明",夕见于西方者叫"长庚"。印度与我国均是东方的国家,能看见金星的时间,相差不会很大。华莱士生于西方,又不懂天文的常识,就"以此推彼,想当然耳"。

使用对校法,可以很容易地发现校样与原稿不一致的地方。

文字上:

(1)大慨→大概 (2)弘大→宏大 (3)哪些→那些 (4)他们→它们
(5)简宜→简易 (6)这时侯→这时候 (7)既→即

标点上:

(1)路易斯.→路易斯· (2)等……。→等。 (3)"印度王子"→《印度王子》 (4)《诗经》《大东》→《诗经·大东》 (5)"东有启明,西有长庚",→"东有启明,西有长庚。" (6)想当然耳。"→想当然耳"。

2.本校法

(1)2005年经贸工作会议提出了2006年的七大奋斗目标:全区工业增加值达到1 170亿元左右,比2005年增长17%,工业占生产总值的比重提高一个百分点;工业产品产销率在97%以上,工业企业效益力争好于上年;社会消费品零售总额将突破680亿元,增长13%以上;工业领域投资在630亿元左右,增长20%以上;确保铁路出疆运输量增长600万吨,力争达到800万吨;单位生产总值能耗降低4%左右。

(2)公诉机关乌鲁木齐市人民检察院以苟韶荣等33人涉嫌组织、领导、参加黑社会性质组织及强迫交易、寻衅滋事、聚众斗殴、故意伤害、敲诈勒索、绑架、赌博、偷税、纵容包庇等7宗罪名提起公诉。

例（1）文前总括语说提出了"七大目标"，但文后分列时只有"六大目标"。例（2）文前的分列罪名与文后的总括罪名相差太大了。不是总括语说的"7宗罪名"，而是"10宗罪名"了。

掌握本校法的关键就要注意前后互证，通过比较发现矛盾的地方。这一方法的灭错率高，但要注意分析矛盾的两个方面，以作出正确的选择。

3.他校法

（1）想像一下，你手里有一张足够大的白纸。现在你的任务是把它折叠51次。那么，它有多高？

（2）还有一味"超级毒品"，可以叫"吸食者"如同着魔般自我膨胀目空一切，逐渐达至敢冒天下之大不讳而肆意妄为的程度。

例（1）涉及"像"和"象"的用法。《现代汉语规范词典》对"象""像"二字作了明确分工。

①1964年公布的《简化字总表》"像"作为"象"的繁体字处理。1986年重新发表的《汉字简化表》确认"像"为规范字，不再作为"象"的繁体字。

②"像"和"象"不同。同是名词用法，"像"指以模仿、比照等方法制成的人或物的形象，如"画像""录像""偶像""人像""神像""塑像""图像""肖像""绣像""遗像""影像""摄像"等；"象"指自然界、人或物的形态、样子，如"表象""病象""形象""脉象""气象""旱象""幻象""天象""意象""印象""星象""假象""现象""险象""物象""万象更新"等。上述例词都是名词，但"想象"一词具有双重性，它既是名词，又充当动词，开端"想像一下"就充当动词。"想象"并非单纯的名词，并不表示人或物的形状、模样，因此不能写作"想像"，因为它不符合规范化的要求。

例（2）中的"敢冒天下之大不讳"，应为"敢冒天下之大不韪"。

"冒天下之大不韪"是个成语，"冒"：冒犯；"不韪"：不是，错误。去干普天下的人都认为不对的事情。指不顾舆论的谴责而去干坏事。

语出《左传·隐公十一年》："犯五不韪而以伐人，其丧师也，不亦宜乎？"

毛泽东《为皖南事变发表的命令和谈话》："因为发令者敢于公开发此反革命命令，冒天下之大不韪，必已具有全面破裂和彻底投降的决心。"

"不讳"：①不隐讳。如"供认不讳""直言不讳"。②不避尊长的名字。《礼记·曲礼上》："诗书不讳，临文不讳，庙中不讳。"③死亡的婉辞。叶圣陶《穷愁》："倘以奉养有缺，致促其残年，一旦不讳，吾罪当入何等地狱耶？"

"不韪"是不能写也不能读成"不讳"的。

4.理校法

（1）1995年退休后，痴迷摄影、绘画、旅游等活动，近年来，和影友走遍祖国大江南北进行摄影采风。现为河北省、石家庄市女摄影家协会会员,摄影作品多次见诸于《河北画报》《燕赵老年报》《中国老年书画摄影艺术全集》等报刊。

(2)又一阵号角吹响,战鼓雷鸣了,父亲庄严地托起一个箭囊,其中插着一只箭。

例(1)中的"诸",文言词,代词"之"和介词"于"的合音词,如付诸实施、公诸同好、诉诸武力、放诸四海而皆准。古代典籍这种用法比比皆是,如《论语·学而》:"告诸往而知来者。"《左传·襄公二十六年》:"宋芮司徒生女子,赤而毛,弃诸堤下。"上书诸句也可写作"付之于实施""公之于同好""诉之于武力""放之于四海而皆准""告之于往而知来者""宋芮司徒生女子,赤而毛,弃之于堤下"。诸,有时也可等于"之",如"放诸四海而皆准"也可写作"放之四海而皆准"。

例(2)有两个值得商榷的地方,一是战鼓不用"手"敲能"鸣"吗?二是"箭"的数量是论"只"的吗?

细究起来,文中的"雷"应该是"擂","只"应该是"支"。

古代作战,"擂"鼓进军,鸣金收兵。战争要先下战表,双方两阵对圆,然后"擂"鼓开始战斗,根据情况,可继续擂鼓进军,也可鸣金收兵。

擂 léi,动词,敲、打,如擂鼓进军、擂了他一拳(方言)。又读 lèi,如擂台、打擂,台上比武的地方。雷 léi,云层放电而发出的响声,如响雷、春雷、雷声、打雷、雷鸣电闪等。鼓只有"擂"才会"鸣",因而"雷"要加"手"旁。

只 zhī,量词,用于动物,如一只羊、一只鸟、一只螃蟹等,用于成对的东西,如一只鞋、一只手镯等。支 zhī,量词,用于短小的杆状物,如一支铅笔、一支蜡烛、一支箭等。箭是杆状物,不是动物也不成对,故而只能用"支",不能用"只"。

**实操题:**

1.使用对校法完成下列习题

原稿。

## 《红楼梦》何时成书

《红楼梦》是中国文学史上的一个奇迹,也是世界文学史上的一个奇迹,它是中国传统文化孕育出来的一株艺苑奇葩。这部作品到底是何时成书的呢?清朝雍正年间,《红楼梦》尚未成书。雍正五年,曹雪芹的父亲被免职。翌年,曹家被抄没,从南京迁回北京,曹雪芹时年仅十三四岁。据考,曹雪芹创作《红楼梦》的时间是在雍正末年至乾隆初年。曹雪芹死的时候,《石头记》也就是后来的《红楼梦》只完成了八十回,直到乾隆二十八年,高鹗才完成该书的后四十回。乾隆五十六年(1792 年),程伟元将高鹗的和曹雪芹所写的八十回合并,以活字印行,《红楼梦》这部名著才正式与读者见面。据考证,在曹雪芹去世前十年,即乾隆十八年左右,《石头记》的抄本已在他的一些朋友间流传。可见,《红楼梦》成书的时间是清朝乾隆年间,而不是雍正年间。

校样。

### 《红楼梦》何时成书

《红楼梦》是中国文学史上的一个奇迹,也是世界文学史上的一个奇迹,它是中国传统文化孕育出来的一株艺苑奇葩。这部作品到底是何时成书的呢?清朝雍正年间,《红楼梦》尚未成书。雍正5年,曹雪芹的父亲被免职。翌年,曹家被抄末,从南京迁回北京,曹雪芹时年仅十三、四岁。据考,曹雪芹创作《红楼梦》的时间是在雍正末年至乾隆初年。曹雪芹死的时候,《石头记》也就是后来的《红楼梦》只完成了八十回,直到乾隆二十八年,高鹗才完成该书的后四十回。乾隆五十六年(一七九二年),程伟元将高鹗的和曹雪芹所写的八十回合并,以活字印行,《红楼梦》这部名著才正式与读者见面。据考证:在曹雪芹去世前十年,既乾隆十八年左右,《石头记》的抄本已在他的一些朋友间流传。可见,《红楼梦》成书的时间是清朝乾隆年间,而不是雍正年间。

2.使用本校法完成下列习题

### 成都应急救援突击分队今日首次演练

昨天上午,组建不久的成都市团委应急救援突击分队在团市委集结,准备前往彭州训练基地进行训练,并于今日首次在公众面前演练亮相。然而,因为服装未及时送到等原因,原定于12点出发时间被推迟。突击队副队长樊晓凡表示,小分队今后将制定出严格管理制度考核标准,对迟到等违反制度的队员进行处罚,打造出作风过硬的专业队伍。

昨日上午10:30,队长周小利就到达团市委,随后陆续有队员到来,大家清点着装备,彼此如老朋友一样打着招呼。这支隶属于团市委应急志愿者总队的救援突击队成立还不到半个月,39名队员全是从总队11支小分队抽调出的精兵,因大家在各种抢险救援活动中早已认识,碰面就和老朋友见面一样亲热、随意。

身兼省应急志愿者队员、市交通运输分队队长多个头衔的队长周小华有着十多年的志愿者经验,对从志愿者中选出的专业人员寄予了厚望:"志愿者有奉献精神,但我们的要求更高,突击队的第一梯队能在险情发生后,得到命令1小时集结16名队员赶赴现场。"据他称,目前这39名队员分了两个梯队,一梯队16人主要负责突击救援,二梯队保证后续力量及后勤工作。

周小华对小分队寄予了厚望,但昨日上午11:30时,尽管他已早早换上了服装打点好装备,队员们的服装却还未送到。由于服装等种种原因,导致队伍未按时出发,结果到达彭州训练基地时比预计时间晚了半小时。

3.使用他校法完成下列习题

(1)激情的泪水变成文字,——这就是最初我呈现给你看的文字。

(2)他谱写了一篇高吭激越的激流之歌。

(3)摄制组原想在这里拍摄戚继光当年曾等了几年也没有看到的海市唇楼,让观众一开眼界,然而,那醉人的海市奇观终不肯露面。

(4)它反应了一个王朝行将末落的情景。

(5)这些译作微妙微肖地传达了中国古诗的神韵。

(6)这一下你这个卫戍司令也甘败下风了吧?

(7)他们出于为实现四化多学知识的良好愿望,刻苦学习,拼命读书,精神实在可佳。

(8)朱委员长全神灌注地看着,高兴地说:"问同志们好!"

(9)不可否认,也会有极少数人,为了一己之私利而去"头悬梁,锥刺骨"。

(10)她即会写诗,又会画画。

4.使用理校法完成下列习题

(1)困难,无时不在,无处不有。回眸10年来我们所遇到的困难屈指可数……

(2)2003年10月15日,这个让全中国人都为之振奋的日子,宇航员杨利伟同志乘坐"神州"5号飞船驶向了太空。

(3)长城自建成后,就成了抵御匈奴侵略的天然屏障。

(4)2004年4月16日的《文汇报》有一篇报道,说到五一黄金周的旅游市场,其中一句是:仲春时节,又是难得的一个7天长假,本应乘此时机到一些路途较远的景点去游玩,但各家旅行社反馈的信息显示,今年五一长线的北京、海南、张家界、北海等地并没有预想的那么热……

(5)周朝初期,由于重用了周公、伊尹等人,而使周历经几百年而不衰……

(6)"苏三离了洪桐县,将身来在大街前……"赵大妈一段《苏三起解》赢得了周围热烈的掌声。

(7)八大山人、石涛、扬州八怪、郑板桥、齐白石、徐悲鸿、刘海粟、张大千及更多的古今中外的艺术家,又有谁不是走上并成功地走完这一条路的呢?

(8)北京,又称燕京、大都;洛阳,又称汴京、东京、东都;绍兴又称会稽、东越等等。

(9)屈原投江前对渔夫说:"我宁可跳进这东流的江水,葬身鱼腹,也不愿随波逐流,醉生梦死!"

(10)有了《水浒传》,我国才有了第一部成功的长篇白话小说。清代著名小说理论家、批评家金圣叹将《水浒传》《西游记》《庄子》《离骚》《史记》及杜甫诗相提并论,合称为"六才子书"。

# 训练 3 校对技术的操作

**必备知识:**折校技术、点校技术的概念及内涵。

**训练目的:**熟练掌握这两种常用的校对技术的规范操作。

**训练要求:**能够熟练、规范地使用校对技术,提高校对工作效率。

**训练步骤:**①参看案例演示;

②使用合适的校对技术完成实操题。

**案例演示:**

1.折校技术

(1)将原稿(或校样)逐行折叠,覆盖在校样(或原稿)上,如图9.1所示。

(2)左右平移,使原稿和校样上相应的文字紧密贴合,如图9.2所示。

图9.1 图9.2

(3)发现不一致的地方,在校样上使用校对符号改正过来,如图9.3所示。

(4)将校完的原稿和校样整齐地放好,注意将印有文字的一面朝下放置,如图9.4所示。

图9.3 图9.4

2.点校技术

（1）一手指着原稿,看清原稿上的文字,如图9.5所示。

（2）一手持笔指着校样上对应的文字,如有不一致的地方,使用校对符号改正过来,如图9.6所示。

图9.5

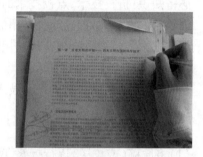

图9.6

（3）将校完的原稿和校样整齐地放好,注意将印有文字的一面朝下放置,如图9.7所示。

图9.7

**实操题：**

1.使用折校技术完成下列习题

原稿：

### 新燃料电池轿车在上海研制成功

国家863项目首席科学家、同济大学万钢教授等科研人员,经过两年多时间潜心研究,对"超越一号"燃料电池轿车作了多项重大技术改造,推出了新型燃料电池轿车"超越二号",目前已通过科技部专家组鉴定,与"超越一号"燃料电池轿车不同的是,它的所有关键零部件都由我国自主开发。

据悉,"超越二号"将代表我国参加2004年11月在上海嘉定举行的"亚洲清洁汽车挑战赛"。届时,它将与世界各类技术先进、形状各异的环保汽车一比高下。

校样:

### 新燃料电池轿车在上海研制成功

国家863项目首席科学家、同济大学万钢教授等科研人员,经过两年多时间浅心研究,对"超越一号"燃料电池轿车作了多项重大技术改造,推出了新型燃料电池轿车"超越二号",目前已通过科技部专家组签定,与"超越一号"燃料电池轿车不同的是,它的所有关键另部件都由我国自主开发。

据席,"超越二号"将代表我国参加2004年十一月在上海嘉定举行的《亚洲清洁汽车挑战赛》。界时,它将与世界各类技术先进、形状各异的环保汽车一比高下。

2.使用点校技术完成下列习题

原稿:

不久的未来,学生们不用再背着沉甸甸的书包去上学,取而代之的是人手一本小巧玲珑的电子书。这本电子书里囊括了上课所必需的各种教材。学生们还可以将课外读物添加进去。只要轻轻地一按,它就能显示出当天应该学习的章节,省去了一页页翻书的繁琐。

日本松下公司最近开始供应一种"西格玛书"。该电子书分辨率较高,可以像书一样折叠,打开后的尺寸为29 cm×20 cm,质量约550 g。索尼公司的一种超薄型电子书,内置(容量)约10 MB的存储器,其显示装置上的电子纸采用了美国E-ink公司开发的微胶囊电泳技术。

校样:

不久的未来,学生们不用再背着沉掂掂的书包去上学,取尔代之的是人手一本小巧玲珑的电子书。学生们还可以将课外读物添加进去。这本电子书里囊括了上课所必须的各种教材。只要轻轻的一按,它就能显示出当天应该学习的章节,省去了一页、页翻书的繁喷。

日本松下公司最近开始供应一种《西格玛书》。该电子书分辨力较高,可以象书一样折迭,打开后的尺寸为29×20厘米,质量约550 g左右。索尼公司的一种超薄形电子书,内置(容重)约10 Mb的存储器,其显示装置上的电子纸采用了美国E-ink公司开发的微胶囊电泳技术。

# 训练 4　常见差错类型的校对

**必备知识:**《汉语拼音正词法基本规则》《出版物汉字使用管理规定》《第一批
　　　　异形词整理表》《标点符号用法》(GB/T 15834—2011)、《出版物上
　　　　数字用法》(GB/T 15835—2011)、《量和单位》(GB 3100～3102—
　　　　1993)。

**训练目的:**掌握汉语拼音、文字、词语、语法、标点、数字、量和单位、知识性、事
　　　　实性、政治性差错类型。

**训练要求:**能够基本消灭汉语拼音、文字、词语、语法、标点、数字、量和单位、知
　　　　识性、事实性、政治性差错。

**训练步骤:**①学习必备知识;
　　　　②参看案例演示;
　　　　③完成各类差错校对实操题。

**案例演示:**

1.汉语拼音差错

张华 zhanghua　　　　　诸葛孔明 ZHUGE KONGMING

中华人民共和国 ZhonghuaRenminGongheguo

黄山 huangshan　　　　　合肥市 Hefeishi

《现代校对学概论》XIANDAIJIAODUIXUEGAILUN

《现代汉语词典》xiandan hanyu cidian

以上的汉语拼音拼写都有一定问题,你发现了吗? 正确的应是:

张华 Zhang Hua　　　　　诸葛孔明 Zhuge Kongming

中华人民共和国 Zhonghua Renmin Gongheguo

黄山 Huang Shan　　　　　合肥市 Hefei Shi

《现代校对学概论》XIANDAI JIAODUIXUE GAILUN

《现代汉语词典》Xiandai Hanyu Cidian

2.文字差错

①甘败下风　　自抱自弃　　泊来品　　渡假村　　迫不急待　　一诺千斤

　　黄粱美梦　　默守成规　　走头无路　　趋之若鹜
②回家　　并且　　侧重　　陈涉世家
③案语　　百页窗　　笔划　　定单　　份内
④雷锋的一生很短暂,但所做的好事却极多。

　　以上列出的文字都有错误,有错别字,有繁体字的误用,有异体字的误用,以及字体字号的错误等。正确的应是:

①甘拜下风　　自暴自弃　　舶来品　　度假村　　迫不及待　　一诺千金
　　黄粱美梦　　墨守成规　　走投无路　　趋之若鹜
②回家　　并且　　侧重　　陈涉世家
③按语　　百叶窗　　笔画　　订单　　分内
④雷锋的一生很短暂,但所做的好事却极多。

　　3.词语差错

　　一条清彻的小溪从山间流过。
　　房间华丽的装饰体现出房间主人的品味高。
　　看到群众遇险了,作为消防战士,我们就应该首当其冲!

　　以上三句话中,均有词语误用的情况,包括异形词的误选,义近词的误用以及成语的误用。正确的应为:

　　一条清澈的小溪从山间流过。
　　房间华丽的装饰体现出房间主人的高品位。
　　看到群众遇险了,作为消防战士,我们就应该冲锋在前!

　　4.语法差错

　　一些长期有争议的问题,经过讨论得到了不同程度的进展。
　　由于大家的耐心帮助,他究竟清醒了。
　　我国古代的这类神话反映了人和自然的斗争,但是也反映了古人朴素的自然观。
　　即使我们的工作取得很大的成绩,也不要自满自足,沾沾自喜,否则就会一落千丈,停滞不前。

　　以上所列的语句,均存在搭配不当、词语误用、关联词误用、结构不当等问题。正确的表述应为:

　　一些长期有争议的问题,经过讨论得到了不同程度的解决。
　　由于大家的耐心帮助,他毕竟清醒了。
　　我国古代的这类神话反映了人和自然的斗争,也反映了古人朴素的自然观。
　　即使我们的工作取得了很大的成绩,也不要自满自足,沾沾自喜,否则就会停滞不前,一落千丈。

5.标点差错

这个小姑娘看起来十七、八岁。

我们是革命呢? 还是要现大洋?

本市文坛三位女杰:王安忆、王小鹰、程乃珊在一起谈笑风生。

以上所列的几句中,有顿号的误用、问号的误用以及冒号的误用。正确的应为:

这个小姑娘看起来十七八岁。

我们是革命呢,还是要现大洋?

本市文坛三位女杰王安忆、王小鹰、程乃珊在一起谈笑风生。

6.数字差错

安徽省从机动财力中拿出 1 900 元,调拨钢材三千多吨、水泥两万多吨、柴油 1 400 多吨,用于农田水利建设。

清乾隆 24 年(公元 1759 年),一份御状递到了皇帝的龙书案上。

以上两句的数字表述有误,需要用汉字数字的,使用了阿拉伯数字;需要用阿拉伯数字的,使用了汉字数字。正确的表述为:

安徽省从机动财力中拿出 1 900 元,调拨钢材 3 000 多吨、水泥 2 万多吨、柴油 1 400 多吨,用于农田水利建设。

清乾隆二十四年(公元 1759 年),一份御状递到了皇帝的龙书案上。

7.量和单位差错

速度的公式是 $v=s/t$。

水的摩尔质量为 18 $g/mol$。

上面的量和单位表述错误,一般地,量的符号用斜体字母,单位的符号用正体字母。正确的表述为:

速度的公式是 $v=s/t$。

水的摩尔质量为 18 g/mol。

8.知识性差错

清代学者洪亮吉,他的文集和历来其他学者的文集一样,几乎无所不包,其中就包含了他的《人口论》著作,比达尔文还早半个世纪。

此句中,达尔文是进化论的创立者,没有写过《人口论》之类的著作,此处应是英国著名经济学家、《人口论》的作者马尔萨斯。

十二级龙卷风袭击嘉兴。

龙卷风是不分等级的,无"某某级龙卷风"之说。

9.事实性差错

2001年12月23日,《南国早报》头版刊发了一篇题为《众教师关注性课程改革》的消息。消息称:

本来只预计300人参加的南宁市中小学性教育课程改革讲座,竟来了近3000位老师听课!12月22日,在南宁市新城区政府礼堂举行的讲座空前爆满,使得上千名老师不得不站着听讲座。

……

到底是什么讲座吸引了这么多老师前来听讲?原来这是由市教委主办的一个关于中小学性教育课程和学校管理的讲座,专门请了这方面的专业人士来主讲……

下午3时后,记者来到讲座现场,虽然当天是冬至,但大批老师仍站在礼堂侧门外听课。教师们说,他们都很关注这次性课程改革。而摆在礼堂前的广西教育出版社出版的性教育课程的教材,也被老师们购买一空。

消息见报当天上午,就有读者来电指出,南宁市教委的这次讲座内容根本不是"性教育课程改革",而是"研究性学习"。

这篇消息的作者是一名记者和两名实习生。三个人写一篇几百字的消息,怎么还会如此离谱?总编问记者是否到现场采访了,记者回答说到了现场,现场上的横幅就是这样写的。后来来电多了,该记者也不敢这样说了,只说横幅的几个字掉了,看不全。按照内文叙述,记者应当是两次到了现场,为何还会出现基本事实不清的情况?最后调查证实,记者根本没到过现场,只是实习生到过现场。而实习生只是在会场外围看了一下,也没有进会场去看、去听,根本不清楚人家在做什么、讲什么,凭着道听途说,看见一个"性"字,就想当然地认为是"性教育"。

其中"性课程改革"应为"研究性学习",当日的讲座报告主题是"让教师走进研究性学习"。

10.政治性差错

6月18日,南方某报因在一版刊发的导读标题"深圳罗湖区女公安局长受贿被判15年"中,错误地配发了任长霞同志的照片,有关部门把该报发生的这件事定为"重大政治性事故",就因为这张照片,有关部门迅速对事故进行调查并作出严肃处理:给予该报一版责任编辑解聘处理,省内新闻出版系统三年内不得录用;总编室主任及副总编辑被解聘;总编辑被给予记过处分。

**实操题：**

1.拼音标注校改训练(标注的拼音必须符合汉语拼音正词法基本规则)

(1)给下列词语注音。

| | |
|---|---|
| 阅读 | 地震 |
| 爱鸟周 | 对不起 |
| 中华人民共和国 | 中国社会科学院 |
| 雪白雪白 | 通红通红 |
| 说说笑笑 | 清清楚楚 |

(2)给下列人名注音。

| | | |
|---|---|---|
| 马行空 | 徐铮 | 商宝震 |
| 周瑜 | 曹操 | 孙权 |
| 上官燕 | 东方朔 | 诸葛孔明 |

(3)给下列地名注音。

| | |
|---|---|
| 北京市 | 上海市 |
| 天津市 | 重庆市 |
| 黑龙江省 | 吉林省 |
| 辽宁省 | 石家庄 |
| 内蒙古 | 呼和浩特 |

(4)给下列词语或短语注音。

| | |
|---|---|
| 中国青年 | 人民日报 |
| 幼儿小天地 | 行政法概论 |

中华人民共和国森林法

高压架空送电线路机械设计

袖珍真草隶篆四体百家姓

北京大学和五四运动

(5)给下列短文注音。

### 圣火里的笑脸

我们需要火,正是它的作用,我们才告别了生食的历史,我们才不怕寒冷漆黑的夜晚。

虽然火是个危险的家伙,一不注意,就会吞噬我们的财产,破坏我们的家园,但大多数情况下是我们自己太不小心了!

在古希腊的神话中,火神普罗米修斯是一个俊美又善良的小伙子。他不忍心看到受上帝诅咒的人类备受严寒之苦,更不能眼睁睁地让衣衫单薄的孩子活活冻死。他决定违背众神的意志,特别是那个喜怒无常的天帝宙斯的意志,而将火种带到了人间。有了火,人间便有了温暖,有了光明,有了进步,有了发展。看到因为自己的作为而让人类有如此美好的生活,普罗米修斯幸福地笑了。

但世上没有不透风的墙。宙斯看到人类在火的帮助下,生活得这么完美,心理又气又疑:是谁这么大胆,敢公开地违背我的命令!他在心里诅咒这个人,并且立下毒誓,一定要狠狠地惩罚这个人。

最终,普罗米修斯被宙斯钉到了神山上,白天有一只凶恶的老鹰来啄食他的心肝。他的身上被血迹染红了,没有一处不在撕心裂肺地疼痛。晚上的时候,他天生健壮的身体就会自动长好。但是第二天,那只恶鹰又来重复啄食,而到了晚上,伤口又自动长好了。年复一年,月复一月,时复一时,他承受着为人类献身而带来的无比痛苦,忍受着惩罚和折磨,但他依然对生活充满信心。

为了纪念他,也为了感谢他,人类每隔四年就会到奥林匹克山祭祀众神,每次也都会为普罗米修斯祈祷和求情。祭祀前,人们要进行短跑比赛,选出最有力量的勇士,让他举着代表火神慈爱和伟力的火把,将人类战胜自然的决定传达给火神。

后来,每隔四年,人们都会自发地组织起来,重复神圣的短跑比赛,重复祈祷。这个传统一代一代传了下来,这就是古代奥运会开幕仪式的由来。

2.文字差错校改训练

(1)写出下列异体字对应的正体字。

[菴]　　　[覇]　　　[栢]　　　[盃]　　　[仝]
[併並]　　[缽]　　　[佈]　　　[採]　　　[餵]
[冊]　　　[耻]　　　[廚]　　　[痳]　　　[輓]
[邨]　　　[淼]　　　[洒]　　　[朶]　　　[鷔]
[廂]　　　[効]　　　[夠]　　　[催]　　　[掛]

(2)写出下列繁体字对应的简化字。

勝____ 聖____ 認____ 勸____ 僕____ 貧____ 豈____ 遷____
體____ 歟____ 筆____ 寶____ 犧____ 潔____ 農____ 衛____
無____ 構____ 淚____ 買____ 衹____ 億____ 園____ 幾____
憐____ 劉____ 趙____ 問____ 習____ 優____ 鄉____ 爾____
靈____ 燈____ 畫____ 處____ 開____ 夢____ 醫____ 廣____
廠____ 絡____ 駱____ 媽____ 蘇____ 蠱____ 馬____ 邁____

(3)改正下列词语中的错别字。

遗撼(　) 判徒(　) 忘想(　) 感概(　) 瞻养(　)
浮浅(　) 仑库(　) 崇高(　) 编缉(　) 恣态(　)

147

按排（　　）　欢渡（　　）　必竟（　　）　供献（　　）　题纲（　　）

婉惜（　　）　急燥（　　）　脉膊（　　）　靡烂（　　）　欧打（　　）

疙立（　　）　笑魇（　　）　愁怅（　　）　鬼计（　　）　勇跃（　　）

加奖（　　）　防犯（　　）　技俩（　　）　大至（　　）　狂忘（　　）

寒喧（　　）　针灸（　　）　必竟（　　）　缀学（　　）　作崇（　　）

幅射（　　）　严励（　　）　枯操（　　）　申张（　　）　闪铄（　　）

消遥（　　）　座标（　　）　刻簿（　　）　演译（　　）　蓝球（　　）

姿式（　　）　膨涨（　　）　良秀（　　）　撒慌（　　）　揭见（　　）

秘决（　　）　布署（　　）　膺品（　　）　诅丧（　　）　装定（　　）

凑和（　　）　园满（　　）　汇萃（　　）　殆工（　　）　糟塌（　　）

（4）改正下列短文中的错别字。

曾经，我俩有高山流水搬的友情，可如今，我失去了。我不得不承认自己的过错。当我拿自己的幸福作堵注时，赢回的却是雪雨冰霜，一棵火热的心从此被冷藏起来，也许正如别人所说，寂寞使两个人走到一起，当其中一个不再寂寞时，另一个便成了累赘……上天慷概地赐予我们很多，包括友情。随着时间的飞势，友情会像陈洒一般越阵越香。回忆起与朋友在一起的点点滴滴，给寂寞的心灵带来无比的振撼。

朋友在一起相处久了，当然会有一些茅盾，但如何解决它们却不是人人都能把握好的。即然是朋友，那就应当相互理解、相互宽容，它们如同潺潺的流水，流入对方的心田，滋润干固的心灵，呵护友谊的花朵。

友情拌随人生，人生将充满朗朗笑声；友情拥抱人生，人生将洋益勃勃生机。在友情春风的吹佛下，疾妒、憎恨、侮辱、欺骗、敌视、吹嘘……如落花，无可耐何零落成泥，陪育来春新枝牙。

3.词语差错校改训练

（1）说明下列词语的区别。

必须—必需　　常年—长年　　大意—大义

发奋—发愤　　反应—反映　　工夫—功夫

焕然—涣然　　检查—检察　　截至—截止

连接—联结　　启示—启事　　推脱—推托

学历—学力　　以至—以致　　震动—振动

（2）写出下列异形词的推荐词形。

压韵　　　雅片　　　洋琴　　　要末　　　夜消

衣著　　　霆雨　　　影象　　　余辉　　　鱼具

| 鱼网 | 预会 | 预闻 | 御手 | 豫备 |
|------|------|------|------|------|
| 元来 | 杂遝 | 斩新 | 原由 | 月蚀 |
| 记念 | 寄与 | 茄克 | 佳宾 | 驾御 |

（3）下列语句中是否有成语使用错误？如有，请改正。

①这一带卫生状况极糟，尤其是自由市场的商贩们散去以后，看上去简直是满目疮痍。

②一时间，漫天大雾把什么都遮住了，就是稍远处的电线杆也躲得杳无音讯。

③借这台仪器时，物理老师对实验员说："放心吧，一定完璧归赵。"

④我没来得及按总理的指示加工这戏，对此，我一直耿耿于怀，深感有负总理的委托。

⑤几年不见，他的技艺竟登峰造极，成了学校管乐队的圆号手。

⑥填报志愿时，他既想报中山大学，又想报华南理工大学，总是见异思迁。

⑦国奥队的几位小将在亚运会上表现出色，被誉为中国足坛的明日黄花。

⑧你要我写一首诗，我只能勉为其难，尽量避免闹笑话。

⑨这个人很要面子，凡事只要跟他商量商量，他闻过则喜，不然，他会跟你翻脸。

⑩他是学雷锋的老模范了，十几年来，光在路边信手拈来的螺丝钉就有三大筐。

4.语法错误校改训练

（1）下列语句有无搭配不当的错误？如果有，请改正并说明理由。

①中学生是青年学生学习的重要阶段。

②近几年来文坛非常活跃，小说、散文、诗歌的数量和质量都显著地增加了。

③从事这种工作的人，他们的思想负担和精神状态往往是沉重的。

④这一研究成果，曾在去年的上海化学化工年会上作过汇报，得到了好评。

⑤在诗歌朗诵会上，她的感情表现得很丰满。

（2）下列语句有无成分残缺的错误？如果有，请改正并说明理由。

①通过这些事实，使我们认识到进行爱国主义教育的重要性、必要性和迫切性。

②鲁迅先生在斗争中创造了杂文，成了文学艺术中的奇葩。

③我们要为把我国建设成四个现代化的社会主义强国。

④他以最新的科研成果向科学大会的献礼。

⑤这支古老遗民仍然保留着以钻木取火方法获取火种照明和取火。

（3）下列语句有无成分多余的错误？如果有，请改正并说明理由。

①往事的回忆又像电影一样一幕一幕地在我眼前映现。

②一立方米的空气中最多可以包含水汽是17.30克。

③大家的关心使我感到一点儿也不想家。

④母亲雪白的乳汁,哺育着婴儿的生机。

⑤这句话的后面,包含了多么丰富的无声的潜台词呵。

(4)下列语句有无语序不当的错误?如果有,请改正并说明理由。

①这次运动会共进行了六十九个比赛项目。

②故宫博物院最近展出了两千多年前新出土的文物。

③中国政府一贯认为和平谈判是最好的解决边界问题的办法。

④驰名中外的我国万里长城不是最近的事。

⑤我把张老先生珍藏的古书几次借来看。

(5)下列语句有无句式杂糅的错误?如果有,请改正并说明理由。

①今天我们教《词的构成》这篇基础知识短文的主要内容是合成词的结构方式。

②这届学术研讨会是由中文系为主持单位召开的。

③小说《吕梁英雄传》的作者是马烽、西戎合写的。

④他是我们家中第一个人对国家所受到的威胁加以严肃而清醒的考虑,而毅然去参军的。

⑤我站在马路边,抬头看着建筑工人攀着脚手架,非常敏捷地爬了上去。

(6)下列语句中有无歧义的错误?如果有,请改正并说明理由。

①昨天,我们八个科技小组的成员都参加了市里组织的竞赛。

②出席座谈会的有我校各系教师和学生代表一百多人。

③大家不由得热烈鼓掌,望着慰问团微笑着走进会场。

④这部散文集是一幅历史长卷,文章写作年代前后历经四十五个春秋。

⑤老人说,他的家在阿卡山下,那里有他的橄榄树、苹果树,真是美极了。

(7)下列复句有无语法错误?如果有,请改正并说明理由。

①在这次扑灭森林大火的战斗中,武警战士和烈火搏斗了几个昼夜,保住了森林,战胜了烈火。

②他不仅迅速端正了学习态度,而且诚恳地接受了老师的批评。

③这种工艺品畅销海内外,所以最近又改进了工艺流程。

④只要增加投入,才能使粮食生产稳步增长。

⑤农民一方面向化肥厂提出合理的要求和建议,另一方面化肥厂积极改进技术,提高质量,保证化肥的供应。

5.标点校改训练

下列语句中,标点使用是否正确? 如有错,请改正。

①别太过分以为我们"地大物博吧!"

②我心里默念道:"这是我的叔叔,父亲的弟弟,我的亲叔叔"。

③"畏惧错误就是毁灭进步。"怀特黑德的这句名言蕴含着丰富的哲理。

④"一年之计在于春,"刚起头,有的是工夫,有的是希望。

⑤小河对岸三、四里外是浅山,好似细浪微波,线条柔和,蜿蜒起伏,连接着高高的远山。

⑥证券交易所内那些穿红马甲的人便是经纪人,穿黄马甲的人则是管理和服务人员;这是全世界都统一的。

⑦他从报上看到某大学研究生院和《中国文化》编委会联合主办《中国文化与世界文化暑期讲习班》的招生启事,立刻写信去报名。

⑧"唉!"作家叹道,"红尘之中,人海茫茫,要找出个不知姓名的陌生人来,这不是大海捞针吗?"

⑨什么时候动身? 从哪儿上车? 我都打听好了。

⑩这个青年有二、三十岁。

⑪"这个问题,"李明说:"让我好好考虑考虑。"

⑫他说过,没有人的时候是一定要关门的。

⑬中医认为:草莓性凉、味酸、无毒,具有润肺生津、清热凉血、健脾解酒等功效。

⑭希望别人怎样对待你,你就要怎样对待别人,你怎样对待别人,别人也就怎样对待你。

⑮通过反复实践的思考,他终于明白了做这件事有什么意义? 怎样才能把这件事做得更好,更有价值?

⑯现代画家徐悲鸿笔下的马,正如有的评论家所说的那样,"形神兼备,充满生机。"

⑰我问那个卖牡蛎的人:"应该付您多少钱,先生?"

⑱生活教我认识了桥:与水形影不离的过河的建筑。

⑲无名战士小心翼翼地一根根拨弄着火柴,口里小声数着:"一,二,三,四……"

⑳诸葛亮在"诫子书"中说:"静以修身,俭以养德。"

6.数字表述校改训练

①现在已经是星期 5 下午,可以放松了。

②飞流直下 3 000 尺,疑是银河落九天。

③90 年中国进行了第四次人口普查。

④别看她才 7、8 岁,还没跨进过校门,可她那一脸的机灵,实在讨人喜欢。

⑤挖了半天,也不过 10 几斤。娟娟嘟着嘴,沿着小路挎着篮子走了过来。

7.量和单位表述校改训练

①真空中的光速 $c = 3 \times 108$ m/s

②声音在空气中的速度(标准状态下)$v = 331.46$ m/s

③干燥空气的密度(标准状态下)P 空气 $= 1.293$ kg/m3

④水银的密度(标准状态下)P 水银 $= 13\,595.04$ kg/m3

⑤北京到上海的航线距离约为 1 200 KM

8.知识性差错校改训练

①冷战期间美国总统肯尼迪与苏联首脑赫鲁晓夫之间曾发生过著名的"厨房辩论"。

②邱长春,南宋人,全真七子之一,被说书世俗尊为开山祖师。

③老子说"尺有所长,寸有所短。物有所不足,智有所不明。"所以每个人都是有缺点的,我们要有向别人学习的精神。

④"月上柳梢头,人约黄昏后"出自宋代词人柳永的手下,是多么浪漫的场景啊!

⑤昨天下午 5 时,上海中心气象台首度发布高温红色预警信号,申城今日最高气温将达 35 摄氏度。

9.事实性差错校改训练

①冯小刚导演的《英雄》,场面宏大,众星云集,立意高远。我很喜欢梁朝伟饰演的刺客长风。

②康有为是饮冰室的主人。

③北京奥运会主题曲《我和你》,是由孙楠和布兰妮合唱的。

④蔡元培曾在清华大学担任校长,实行"思想自由""兼容并包"的方针。

⑤李小龙曾拜叶问为师,向他学习跆拳道。

# 训练 5　综合训练

**必备知识**：校对的流程及校对员职责，校对符号及其使用，校对方法，校对技术，出版物上常见的差错类型。

**训练目的**：掌握校对职责，熟悉校对流程，使用校对符号消灭校样中的各类差错。

**训练要求**：能够胜任一般书稿的初校、二校工作。

**训练步骤**：①复习必备知识；

②参看案例演示；

③完成短文的综合校对。

**案例演示**：

原稿：

20世纪八十年代初，改革开放之风吹绿神州大地，敦煌学也同别的学科一样，从谩长的寒夜中苏醒过来。一批中青年学者们脱颖而出，在不长时间内出版了大量有较高学术水平的著作，(如《敦煌学五十年》《敦煌话语》《敦煌学近况》……等等，)蜚声中外。事实胜于雄辨，外国同行不能刮目相看了。

初校样：

20世纪八十年代初，改革开放之风吹绿神州大地，敦煌学也同别的学科一样，从谩长的寒夜中苏醒过来。一批中表年学者们脱颖而出，在不长时间内出版了大量有较高水平的著作，(如《敦煌学五十年》《敦煌话语》《敦煌学近况》……等等，)斐声中外，事实胜于雄辩，外国同行不能刮目相看了。

首先校异同，改正后的初校样为：

20世纪八十年代初，改革开放之风吹绿神州大地，敦煌学也同别的学科一样，从谩长的寒夜中苏醒过来。一批中青年学者们脱颖而出，在不长时间内出版了大量有较高学术水平的著作，(如《敦煌学五十年》《敦煌话语》《敦煌学近况》……等等，)蜚声中外。事实胜于雄辨，外国同行不能刮目相看了。

然后校是非，改正后为：

20世纪80年代初，改革开放之风吹绿神州大地，敦煌学也同别的学科一样，从漫长的寒夜中苏醒过来。一批中青年学者们脱颖而出，在不长时间内出版了大量有较高学术水平的著作(如《敦煌学五十年》《敦煌话语》《敦煌学近况》……),蜚声中外。事实胜于雄辩,外国同行也不得不刮目相看了。

**训练题**

1.将下列短文先校异同,后校是非

原稿:

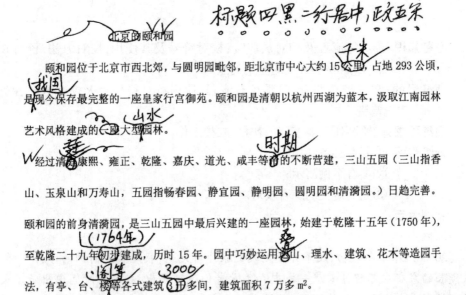

北京的颐和园

标题四黑,二行居中,改正朱笔

颐和园位于北京市西北郊,与圆明园毗邻,距北京市中心大约15公里,占地293公顷,是现今保存最完整的一座皇家行宫御苑。颐和园是清朝以杭州西湖为蓝本,汲取江南园林艺术风格建成的一座大型园林。

经过清朝康熙、雍正、乾隆、嘉庆、道光、咸丰等的不断营建,三山五园(三山指香山、玉泉山和万寿山,五园指畅春园、静宜园、静明园、圆明园和清漪园。)日趋完善。

颐和园的前身清漪园,是三山五园中最后兴建的一座园林,始建于乾隆十五年(1750年),至乾隆二十九年初步建成,历时15年。园中巧妙运用叠山、理水、建筑、花木等造园手法,有亭、台、楼、阁等各式建筑3000多间,建筑面积7万多㎡。

咸丰十年(1860年),英法联军攻入北京,清漪园等五座最灿烂的皇家园林都遭到侵略者破坏。光绪十四年(1888年),慈禧太后挪用海军经费重建清漪园,改称颐和园并沿用至今。光绪二十六年(1900年),颐和园再遭八国联军破坏,珍宝文物被侵略者劫掠一空。光绪二十九年(1905年)再次修复并大力充实园内陈设。

1928年,颐和园对市民开放。中国人民共和国成立以后,颐和园经历多次修缮。据介绍,目前颐和园园藏文物有4万余件,品类涉及玉器、瓷器、铜器、珐琅、木器、漆器、书画、古籍等,几乎涵盖中国传世文物的所有门类。1961年3月,颐和园被公布为第一批全国重点文物保护单位,与同时公布的苏州拙政园、留园、承德避暑山庄并称为中国四大名园。

颐和园主要由万寿山和昆明湖两部分组成。

万寿山属于燕山余脉，高出地面 50 多米。万寿山顶最高处的智慧海是一座寺庙，虽

极木结构，但全部用砖石发券砌成，没有枋檩承重，所以称为"无梁殿"。

后山的中部古木成林。主要建筑须弥灵境是一组气势宏伟的西藏庙宇，与山脚下的三

孔桥和北宫门构成一条纵贯南北的中轴线。后山脚下后湖中段两岸有江南水乡特色的苏州

街，是乾隆帝时模仿江南苏州街市肆而修建的"买卖街"遗址。清漪园时期这里有金银

首饰楼、玉器古玩店、绸缎、茶楼等各式店铺。店铺中的店员都由太监装扮，皇帝游幸时

才"营业"。万寿山后山东麓的园中之园，仿无锡寄畅园建设，清漪园时名叫惠山园，嘉

庆 16 年（1811 年）重修后，改名为谐趣园。

万寿山西部是画中游景区，建筑形式多样，分别建在不同高度，青山翠柏中簇拥着一

组由红、黄、蓝、绿琉璃瓦覆盖着的建筑群体，酷似一幅中国山水画。

万寿山前山的建筑以中央山腰处一座高 21 米的方形台基上的佛香阁为中心，依山

而建，有大小院落 20 余处。佛香阁是一座八面三层四重檐的主体建筑，供皇室在此烧

香。排云殿建筑群是慈禧在园内居住时接受朝拜的地方。自昆明湖边的"云辉玉宇"牌

楼起，沿山坡依次是排云殿、德辉殿、佛香阁、智慧海，这条中轴线以金碧辉煌的佛香阁

和琉璃砖瓦砌筑的智慧海收尾。

昆明湖北岸东西逶迤的长廊，北依万寿山，面向昆明湖，把颐和园的山与水分成两

部分，与万寿山建筑群的纵向轴线相呼应，被称为"世界第一廊"。长廊全长 728 米，共

273 间，一间一景，一景一画。长廊上的每根枋梁上都有彩绘，共有图画 14000 余幅，内

容包括山水风景、花鸟鱼虫、人物、典故等。

昆明湖在元代时名叫瓮山泊。至元二十九年（1292 年），水利专家郭守敬将昌平及西

山一带的水源汇引湖内，再开挖通惠河将水引入都城，往南汇入大运河，接济漕运。明代

时瓮山泊改名为西湖。清代开挖拓展后改称为昆明湖，占全园面积的 3/4，是清代皇家诸

园中最大的湖泊。湖中的西堤由北向南，桃柳成行。堤上的六座桥是模仿杭州西湖的"苏

堤六桥"建造而成。西堤和支堤把湖面划分为三个大小不等的水域，每个水域各有一水

心岛。这三岛象征着中国古老传说中的东海三神山——蓬莱、方丈、瀛洲。

颐和园的布局构思巧妙，集传统造园艺术之大成，是前人留给我们的文化遗产，也是

中华民族的劫难和伤痕的见证。

155

校样：

# 颐 和 园

　　颐和园位于北京市西北郊，与圆明园毗邻，距北京市中心大约 15 千米，占地 293 公顷，是我国现今保存最完整的一座皇家行宫御苑。颐和园是清朝以杭州西湖为蓝本，汲取江南园林艺术风格建成的大型山水园林。

　　经过清康熙、雍正、乾隆、嘉庆、道光、咸丰等时期的不断营建，三山五园（三山指香山、玉泉山和万寿山，五园指畅春园、静宜园、静明园、圆明园和清漪园。）日趋完善。颐和园的前身清漪园，是三山五园中最后兴建的一座园林，始建于乾隆十五年（1750 年），至乾隆二十九年（1764 年）建成，历时 15 年。园中巧妙运用叠山、理水、建筑、花木等造园手法，有亭、台、楼、阁等各式建筑 3000 千多间，建筑面积 7 万多平方米。

　　咸丰十年（1860 年），英法联军攻入北京，清漪园等五座最灿烂的皇家园林都遭到侵略者破坏。光绪十四年（1888 年），慈禧太后挪用海军经费重建清漪园，改称颐和园并沿用至今。光绪二十六年（1900 年），颐和园再遭八国联军破坏，珍宝文物被劫掠一空。光绪二十九年（1903 年）再次修复并大力充实园内陈设。

　　1928 年，颐和园对市民开放。中国人民共和国成立以后，颐和园经历多次维修。据介绍，目前颐和园园藏文物有 4 万余件，品类涉及玉器、瓷器、铜器、珐琅、木器、漆器、书画等，几乎涵盖中国传世文物的所有门类。1961 年 3 月，颐和园被公布为第一批全国重点文物保护单位，与同时公布的苏州拙政园、留园、承德避暑山庄并称为中国四大名园。

　　颐和园主要由万寿山和昆明湖两部分组成。

　　万寿山属于燕山余脉，高出地面 50 多米。万寿山顶最高处的智慧海是一座宗教建筑，虽极像木结构，但全部用砖石发券砌成，没有枋檩承重，所以称为"无梁殿"。

　　后山的中部山路曲折，古木成林。主要建筑须弥灵境是一组气势宏伟的藏式庙宇，与山脚下的三孔桥和北宫门构成一条纵贯南北的中轴线。

后山脚下后湖中段两岸有江南水乡特色的苏州街,是乾隆帝时模仿江南苏州河街市肆而修建的"买卖街"遗址。清漪园时期这里有金银首饰楼、玉器古玩店、绸缎店、茶楼等各式店铺。店铺中的店员都由太监、宫女装扮,皇帝游幸时才"营业"。万寿山后山东麓有个小巧玲珑的园中之园,仿无锡寄畅园建造,初期名叫惠山园,嘉庆16年(1811年)重修后,改名为谐趣园。

万寿山西部是画中游景区,建筑形式多样,楼、阁、廊分别建在不同高度,青山翠柏中簇拥着一组由红、黄、蓝、绿琉璃瓦覆盖着的建筑群体,酷似一幅中国山水画。

万寿山前山的建筑以中央山腰处一座高21米的方形台基上的佛香阁为中心,依山而建,有大小院落20余处。佛香阁是一座八面三层四重檐的主体建筑,供皇室在此烧香。排云殿建筑群是慈禧在园内居住时接受朝拜的地方。自昆明湖边的"云辉玉宇"牌楼起,沿山坡向上依次是排云殿、德辉殿、佛香阁、智慧海,这条中轴线以琉璃砖瓦砌筑的智慧海收尾。

昆明湖北岸东西逶迤的长廊,北依万寿山中央,面向昆明湖,把颐和园分成山与水两个部分,与万寿山建筑群的纵向轴线相呼应,被称为"世界第一廊"。长廊全长728米,共273间,一间一景,一景一画。长廊上的每根枋梁上都有彩绘,内容包括山水风景、花鸟鱼虫、人物典故等。

昆明湖在元代时名叫瓮山泊。至元二十九年(1292年),督水监郭守敬将昌平及西山一带的水源汇引湖内,再开挖通惠河将水引入都城,往南汇入大运河,接济漕运。明代时瓮山泊改名西湖。清代开挖拓展后改称为昆明湖,占全园面积的四分之三,是清代皇家诸园中最大的湖泊。湖中的西堤由北向南,桃柳成行。堤上的六座桥是模仿杭州西湖的"苏堤六桥"建造而成。西堤和支堤把湖面划分为三个大小不等的水域,每个水域各有一座湖心岛。这三座岛象征着中国古老传说中的东海三神山——蓬莱、方丈、瀛洲。

颐和园的布局构思巧妙,集传统造园艺术之大成,是前人留给我们的文化遗产,是中国近代历史的见证。

2.通读下面短文,改正各类错误

## 神奇的生物催化剂——酶

生物体内每时每刻都在进行着各式各样的生物化学反应。比如,食物中的淀粉变成葡萄糖,多余的葡葡糖又转化成糖原和脂肪;葡萄糖经氧化生成 $CO_2$ 和 $H_2O$,同时放出能量。这些反应如果在试验室或化工厂中进行,往往需要高温、高压、强酸、强碱……等条件,其中许多反应甚至迄今还无法在生物体外完成;而在生物体内,在37℃和接近中性的酸碱度条件下却能顺利进行。这真是很神奇! 更神奇的是这为数众多的生物化学反应能同时在一个小小的细胞中发生,不仅有条不絮而且效率惊人:大肠杆菌20分钟就可以繁殖一代;在这短短的时间里要按照遗传基因合成几千种不同的核酸和蛋白质分子,并把它们组装成一个新的活生生的大肠杆菌。这一切都离不开神奇的生物催化剂—酶。

酶是由活细胞产生的生物催化剂。它的催化效率极高,是一般化学催化剂的几百万至几万亿。一种酶只催化一种(或一类)物质,经特定的反应得到一定的产物。比如,蛋白酶只能催化蛋白质的水解,而淀粉酶只能催化淀粉的水解。

大部分酶在细胞内起催化作用,(如那些在葡萄糖等食物分子氧化分解过程中起催化作用的酶),也有的酶由一些特殊的细胞分泌到细胞外发挥作用(如消化液中所含有的大量消化酶)。

绝大部分酶都是蛋白质。当遇到强酸、强碱、高温或其他会对蛋白质造成损害的情况时,酶的催化能力往往会完全丧失甚至大大减弱。人类的体温(37度左右)正是最适合人体内绝大多数酶正常发挥和长久维持催化能力的温度。

酶是科学研究的重要工具。比如DNA限制性内切酶和连接酶就是专门对"生命的兰图"——DNA进行剪切、粘贴的"剪刀"和"糨糊",在基因工程中必不可少;医学上常常通过测定血液(或其他体液)中酶的活性来诊断疾病,还将酶用于治疗某些疾病。酶在食品、制革、酿酒、制药等产中也有着极其重要的作用。利用酶的催化学作用把相应的原料转化成一定产品的酶工程技术,更是现代生物工程的一个重要领域。因为这种技术不尽成本低、效率高,而且反应条件温和,可以代替许多原来需要使用高温、高压、强酸、强碱的生产工艺,即大大改善生产环境,又几乎无污染,所以被认为是"绿色工业"的代表性技术。

3.改正下面封面设计稿中的错误。

读史扎记
DUSHI ZHAJI

林阳华 著

责任编辑 张百有
封面设计 李士奇

定价 30.00 元

中国史地出版社

159

附 录

# 附录一　图书校对工作基本规程

中国出版工作者协会

## 前　言

我国出版事业迅猛发展,需要制订校对工作规程,作为规范校对工作的基本准则,以保障校对工作的有序化和校对质量的优化。《图书校对工作基本规程》(以下简称《规程》)是校对理论与校对实践相结合的产物,是校对工作客观规律的反映,是现代校对实践经验的总结。

本《规程》包含七项内容:校对的地位和作用;校对的功能;校对的基本方法;现代校对方法创新;校对工作的基本制度;书稿及校样差错的基本类型;校对管理。

本《规程》对校对工作提出的规范要求,着眼于全国,着眼于宏观,各地版协校对工作委员会和各出版社校对科室,可以据此制订适合本地本社实际的"实施细则"或"具体规程"。

### 1　校对的地位和作用

1.1　校对是最重要的出版条件。古代校雠学将"校勘"的目的界定为:改正书面材料上的错误。多出善本,不出错本,是我国出版工作的优良传统。做好校对工作,是出善本、不出错本的基本条件,这是既对作者负责又对读者负责,功在当代、利及后人的事。

1.2　图书是一种思想文化信息载体,其作用在于将负载的信息传递给读者,并作为文化遗产积累传承。实现文化传播和文化积累,最重要的条件是"保真",即准确无误,完整无缺;失真的、残缺的信息是没有传播和积累价值的。图书是通过文字符号传递和储存信息的,信息的"保真",有赖于字、词乃至标点符号使用的准确无误。真理与谬误之间,有时只是一字一点之差。

1.3　图书出版过程存在的价值,在于以作者的原创作品为对象,在作者劳动成果的基础上进行再创造,这种再创造贯穿于图书编校工作的全过程。在校对过程中,再创造的表现有二:其一,消灭书稿在录排过程中出现的错漏,保证作者劳动成果不错、不漏地转换成印刷文本;其二,发现书稿本身可能存在的错漏,弥补作者创作和编辑加工的疏漏。校对是编辑工作的重要组成部分,是特殊的编辑工作,是学识性、文字性的创造性劳动。"校对是简单劳动"的观点是错误的。校对在图书出版生产流程中,处在编辑后、印制前的关键环节,是图书质量保障体系的最后防线。

1.4 综上所述,关于校对工作在出版工作中的地位和作用,可以作如下界定:校对工作是图书出版生产流程中的独立工序,其作用是将文字差错和其他差错消灭在图书出版之前,从而保证图书的传播和积累价值,因而是最重要的出版条件。编辑工作和校对工作,既相互衔接又相互独立,共同构筑了图书质量保障体系。

## 2 校对的功能

2.1 校对的基本功能有两个方面:校异同和校是非。这是由校对的性质决定的。"校对"是个集合概念,包含着"校"(校是非)和"对"(校异同)的双重含义,应当全面地认识和实现校对的功能。

"校异同"的要旨在"异同",是指将校样跟原稿逐字逐句比照,通过查找两者异同的方法,发现并改正录排错漏。其功能是:保证原稿不错、不漏地转换成印刷文本。

"校是非"的要旨在"是非",是指通过对原稿内在矛盾的是非判断,发现并改正原稿可能存在的错漏。其功能是:弥补编辑工作的疏漏,使书稿趋于完善。

校对的两个基本功能,同样重要,不可偏废。不校异同,则不能保证作者的劳动成果准确而完整地转换;而不校是非,则不能发现和弥补作者创作和编辑加工的疏漏。偏废校异同或者偏废校是非,后果是一样的,都会造成谬误流传,损害作者,贻误读者。

2.2 传统校对以校异同为主要功能。传统校对有两个客体:一个是加工定稿后的编辑发排文本,通称"原稿";一个是依据原稿排字拼版打印的样张,通称"校样"。校对的首要任务是:将校样与原稿逐字逐句比照,检查两者的异同,发现了"异",即校样上与原稿不同之处,原则上依据原稿改正校样。这样做的目的是消灭排字拼版过程的错漏,保证排版与原稿完全一致。在此基础上,再进行通读检查,发现原稿可能存在的错漏,然后以质疑形式向编辑提出。

现在,客观形势发生了变化,多数作者交给编辑的不再是手写书稿,而是一块磁盘,磁盘打印稿将传统的原稿与校样合二为一了,也将录排差错与写作差错合二为一了。编辑在磁盘打印稿上加工,排版人员根据编辑的加工修改磁盘稿,再按照版式设计要求进行版式转换,打印出来就是校样。这个校样除编辑加工修改部分以外,与磁盘稿并无二致。因此,校样上可能存在5类差错:(1)作者录入差错;(2)作者写作差错;(3)编辑错改;(4)排版人员修改磁盘稿时的漏改、错改;(5)版式转换过程可能发生的内容丢失和错乱。这5类差错除第4类、第5类差错可以用核红、对校方法发现外,均以是非形式隐藏在校样的字里行间。校对主体实际上是进行"无原稿校对"操作,通过是非判断发现差错。"校是非"上升为校对的主要功能。

2.3 现代校对的校是非,有五个方面的任务:(1)发现并改正常见错别字;

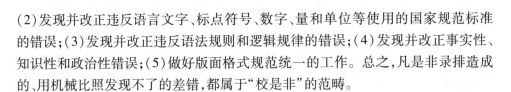

(2)发现并改正违反语言文字、标点符号、数字、量和单位等使用的国家规范标准的错误;(3)发现并改正违反语法规则和逻辑规律的错误;(4)发现并改正事实性、知识性和政治性错误;(5)做好版面格式规范统一的工作。总之,凡是非录排造成的、用机械比照发现不了的差错,都属于"校是非"的范畴。

2.4 图书质量保障体系有两个主体:编辑和校对。编辑清源,校对净后,共同构筑图书质量保障体系。上述"校是非"任务(1)(2)(5)是校对员的职责。(3)(4)两类错误,本应在编辑加工过程中予以消灭,因而不应让校对员承担责任。但要建立激励机制,鼓励校对员发现这两类错误,并以质疑形式向责任编辑提出改正建议,以求达到消灭一切差错的目的。

2.5 要树立现代校对工作的理念。现代校对工作不能只"对原稿负责",而应成为"编辑工作的必要延续",负起协助编辑"把一切差错消灭在图书出版之前"的责任,即在消灭录排差错的基础上"校是非",发现并改正原稿可能存在的错漏,从而发挥"对编辑工作的补充和完善"的作用。校对工作者必须与时俱进,树立"对读者负责,对社会负责"的现代校对理念。

### 3 校对的基本方法

校对基本方法有4种:对校法;本校法;他校法;理校法。这四种方法是古籍校雠的基本方法,完全适用于现代图书校对工作,因而也是现代校对的基本方法。

3.1 对校法。对校法的特点是"照本改字,不讹不漏"。对校的客体有两个——原稿和校样,采用比照原稿核对校样的方法,通过查找异同而发现差错。现代校对的折校、点校、读校、核红等技术,都属于对校法。发现了校样与原稿相异之处,原则上依据原稿改正校样。

3.2 本校法。本校法的特点是"定本子之是非。"现代校对的"本子"即原稿。本校的客体只有一个——改正录排错漏后的校样,采用通读检查的方法,通过文中内在矛盾发现问题,然后进行是非判断而发现原稿的差错。发现了原稿的差错,用铅笔在校样上标注,提出改正差错的建议,同时填写《校对质疑表》,向编辑质疑。校是非不同于文字加工,只管改错、补漏、删重,而不做文字润色。

3.3 他校法。他校法的特点是"以他书校本书"。"他书"指其他的书。"改必有据"是校对改错的重要原则。在通读检查中发现了问题,又难以判断是非时,就得去查检相关的权威工具书或权威著作,找到判断是非、改正错误的可靠依据。

3.4 理校法。理校法的特点是:推理判断。在发现疑问又找不到可靠根据时,即应进行推理判断,包括分析字词含义、进行逻辑推理等。

上述四种基本校对方法,在实践中应当综合运用,以求得到相辅相成的效果,最大限度地消灭差错。

## 4 现代校对方法创新

现代校对实践还有其他校对方法,主要有:人机结合校对;过红与核红;文字技术整理。这些校对新方法和校对的四种基本方法一起,构成现代校对方法系统,必须综合运用。

**4.1 人机结合校对。**校对软件查检常见错别字及成语、专名中的错别字辨识率高、速度快,是校对的得力工具。但是,计算机校对的本质决定了它只能处理可以形式化的问题,而文字的形式符号是一个十分有限的形式系统,自然语言更不可能彻底形式化,所以校对软件查错能力是有限的,不可能完全取代人工校对。正确的做法是人校与机校结合。人机结合校对需要找到优势互补的最佳结合模式。鉴于计算机校对误报率高,错漏多的一校样宜由人工校对,二校再用机校,机校后不改版,由人接着三校。三校的任务是:先对机校报错及改错建议逐一判断,然后通读检查一遍,发现并改正机器漏校。三校后再改版。这种"二三连校"模式,有利于人机优势互补、缩短校对周期。也可以在编辑加工之前,先实行机校,将机校的报错与改错建议作为加工时的参考;三校之后再用机校,清扫残留差错;然后,由人工通读检查。这种"清源净后"的人机结合模式,也可收到人机优势互补的效果。

**4.2 过红与核红。**二校样应一式三份,一份(通称正样)由校对人员校对,另两份(通称副样)分送作者和责任编辑校对。"过红"即将作者和编辑在"副样"上所作修改的字符,誊录到校对员校过的正样上。如果正样改动少而副样改动多,也可将正样誊录到副样上。誊录时,要注意副样上的修改是否合理,若有疑义则应提请责任编辑解决。如果副样上增删较大,导致版面变动,则要精心调整版面,有的还要增加校次。过红由责任校对或责任编辑负责。

核红即核对上校次纠错的字符是否改正,有无错改。核红的技术要领是:第一步,核对上校次改动的字符,至少反复核对两次;第二步,如果发现应改而未改的字符,除了重新改正外,还要搜检上下左右相邻字符有无错改,以避免邻行、邻位错改;第三步,比对红样(上校次校改样)与校样(改后打印样)四周字符有无胀缩,如有胀缩,就要对相关行及其上下行逐字细查,找出胀缩原因,改正可能存在的错误。二校、三校和通读检查,均应先核红后校对。

**4.3** 文字技术整理简称"整理",是现代校对的必要程序。其作用有三:(1)弥补版式设计的疏漏;(2)改正排版造成的技术性错误;(3)防范多人交叉校对产生的文字处理和版面格式的不统一。

**4.4** 文字技术整理是一项细致的技术性工作。整理的内容有如下十项:(1)核对封面和书名页,使书名、著译者或主编者姓名、出版单位名称、出版日期等完全一致;(2)根据正文标题核对目录上的标题和书眉上的篇名、章名,检查文字是否一致,页码是否相同;(3)检查正文各级标题的字体、字号、占行和位置是否符合设计要求,同级标题字体、字号、占行和位置是否一致,书眉双页、单页上的标题是否符合规范;(4)检查插图的形象与文字说明是否相符;(5)检查图表、公式与正文是否衔接,图表、公式的编序形式是否正确,序码(应连续)有无缺失或重复;(6)检查表格和公式的格式是否规范,表格转页、跨页和公式转行是否符合规范,公式的变形是否正确;(7)检查正文注码与注文注码是否相符,参见、互见页码是否准确;(8)检查前言(序)、后记(跋)、内容提要等指示性文字,与正文内容是否相符;(9)如系全集、文集、套书,要检查是否成龙配套,版式、体例是否一致;(10)解决相互关联的其他问题。整理工作必须十分认真,一丝不苟。每个校次校后均应做整理工作,终校后应由责任校对进行全面整理。

### 5 校对工作的基本制度

校对活动是校对主体与客体矛盾运动的过程,一方面客体存在讹误,一方面主体要改正讹误,两者相互对立又相互依存。只有当客体的讹误得到改正,主体查错正误的目标得以实现,校对活动的矛盾运动才会终止。校对又是群体活动,校对主体的多元性和校对过程的集体交叉性,不可避免地会产生校对主体之间的矛盾,只有解决好矛盾,协调好关系,才能形成合力,使校对活动健康开展,从而保证校对工作的质量。而要解决矛盾,协调关系,形成合力,就必须建立和完善校对工作制度。

校对工作的基本制度有如下四项。

5.1 三校一通读及样书检查。"三校"即三个校次。"一通读"即终校改版后的通读检查。由于校对客体差错的复杂性和出错原因的多样性,"校书如扫落叶",校对活动不可能"毕其功于一役",必须投入必要的校对工作量(即校次)。"三校一通读"是《图书质量保障体系》规定的必须坚持的最低限度的校次;重要书稿和校对难度大的书稿,如经典著作、文件、辞书、古籍、学术著作、教科书及教辅读物等,还应相应增加校次。作者校对、编辑校对不能顶替校次,交给他们校对的校样是"副样","正样"仍由校对人员校对,三个校次都必须由经过专业训练的校对人员来完成。计算机校对如果使用得当,可以顶替一个校次。三校改版后打出的校样,不能算作付印清样,还必须进行一次通读检查,通读检查后改版打出的校样,才能算作付印清样。

为了保证校对的质量,凡遇到如下情况之一的校样,校对者有权提出增加1~2个校次:(1)初校样的差错率超过15/10 000的;(2)编辑发排的书稿没有齐、清、定,而在校样上修改的页码超过1/3的;(3)终校样的差错超过3/10 000的。增加校次的决定权属于专业校对机构。

样书检查,指图书成批装订前先装订几本样书分由责任编辑、责任校对检查,经检查确认无误后,方能成批装订出厂。

5.2 校对主体多元化与专业化相结合。现代校对的特征之一,是校对主体多元化与专业化相结合。所谓主体多元化,是指作者、编者和专职校对员共同参与校对,还有社外人员参与校对活动,从而形成校对主体群。作者校对属于自校,编辑校对属于半自校。他们共同的优势是:对书稿内容的把握,对相关知识的熟悉。共同的劣势是:因习惯性阅读难以感知个体字符的差异,因思维定式而往往对差错"熟视无睹"。社外校对人员的技术、经验、心态和责任心一般不如社内专职校对员。因此,校对主体多元化必须与专业化相结合,并且以社内专职校对员为校对主体群的核心。所谓以社内专职校对员为核心,有三层意思:其一,出版社必须建立专业校对机构,对全社校对工作进行统一组织和全程监控;其二,出版社必须配备足够的专职校对员(编校人员配备的科学比例为3∶1,不应少于5∶1),并由专职校对员担任责任校对;其三,必须由中级以上职称的校对员或工作认真、经验丰富的其他校对员来做三校,把好终校关。

5.3 集体交叉校对与责任校对相结合。现代校对的特征之二,是集体交叉校对与责任校对相结合。集体交叉校对,是指由不同职级、不同专长的校对者分别负责不同校次的校对,一般不得采取一人包校的做法。集体交叉校对,可以避免一人包校的知识局限和反复校读导致对差错的"熟视无睹",有利于最大限度地消灭差错。同时,集体交叉校对还是一种相互检查、相互监督的有效方式。但是,集体交叉校对也存在不足,主要是校对者对差错的认定不会完全一致,大部头书稿分章集体交叉校对,还会造成版面格式处理的不统一。因此,在集体交叉校对的基础上,还必须实行责任校对制度。责任校对是本书校对工作的总责任人和总协调员,参与本书校对全过程,承担终校或通读检查(通读检查也可以由责任编辑承担)以及文字技术整理,协助责任编辑解决校对质疑,并最后核对付印清样。责任校对应在书名页上署名,以示对本书的校对质量负责。

5.4 校对质疑与编辑排疑相结合。校对质疑,编辑排疑,是现代校对校是非的基本形式。校对员的校是非,不同于编辑的文字加工,两者有质的区别。校是非的任务是改错,即通常说的清除硬伤,不做篇章布局调整、思想内容提升和文字润色的工作。对于明显的错字、别字、多字、漏字、错简字、错繁字、互倒、异体字、旧字形、非规范的异形词,专名错误,不符合国家规范标准的标点符号用法、数字用法、量和单位名称及符号书写,不符合设计要求和规范的版面格式,校对员应当予以改正,但改后须经责任编辑过目认定。发现了语法错误、逻辑错误以及事实性、知识性、政治性错误,校对员无权修改,只能用灰色铅笔标注表示质疑,并且提出修改建议,填写"校对质疑表",连同校样由责任校对送给责任编辑排疑。责任编辑应当认真地对待校对质疑,虚心采纳正确的修改建议。对于认定的修改建议,用色笔圈画表示照此修改;对于不拟采纳的修改建议,则打×表示删去(不要用色笔涂抹,保留校对质疑笔迹,以备需要时查检)。要建立激励机制,鼓励校对员质疑,校对员质疑经责任编辑认定后,应当给与质疑者适当的奖励,其质疑表应当存入个人业务档案,作为考察校对员业务水平、晋升专业职称的依据。

## 6 书稿及校样差错的基本类型

校对以猎错改错为基本职责,校对工作者对原稿和校样上可能存在的差错类型心中要有数,这样才能更加自觉地猎错改错。

原稿和校样上存在着各种差错,归纳起来主要有如下十种类型:

6.1 文字差错。包括错别字、多字、漏字、错简、错繁、互倒、异体字、旧字形等,出现频率最高的是错别字。错别字是错字和别字的合称。像字但不是字叫作错字;是字但用在此处不当的字叫作别字。通常说的错别字,主要是指别字。

文字差错还有一种类型,即外文字母使用错误和汉语拼音错误。常见的错误有:各种字母混用;大小写、正斜体不符合规范;汉语拼音违反《汉语拼音正词法基本规则》及声调标注错误。

6.2 词语差错。常见的词语差错有:(1)错用词语;(2)褒贬不分;(3)异形词选用不符合规范;(4)生造词;(5)错用成语。

6.3 语法错误。包括词法错误和句法错误。

常见的词法错误有:(1)名词、动词、形容词使用不当;(2)数量表达混乱;(3)指代不明;(4)副词、介词、连词使用不当。

常见的句法错误有:(1)搭配不当;(2)成分多余或残缺;(3)语序不当;(4)句式杂糅;(5)歧义;(6)不合事理。

6.4 数字使用差错。《出版物上数字用法的规定》(GB/T 15835—1995)是判断数字使用正误的国家标准,但对不同类型的图书有不同的要求:(1)《出版物上数字用法的规定》(GB/T 15835—1995)不适用于文学作品和重排古籍;(2)使用阿拉伯数字,要求"得体"和"局部统一";(3)科技图书必须严格遵循《出版物上数字用法的规定》的标准。

6.5 标点符号使用差错。《标点符号用法》(GB/T 15834—1995)是判断标点符号使用正误的国家标准。标点符号有两大类:点号(7个)和标号(9个)。常见的标点符号使用差错,主要是点号错用:(1)该断句的不用句号;(2)句子内部该停顿的地方没用逗号,不该停顿的地方误用逗号;(3)非并列词语之间误用顿号,没有停顿的并列词语之间误用顿号,不同层次的停顿使用顿号造成结构层次混淆;(4)滥用分号,如并列词语之间误用分号,非并列关系的单重复句内分句间误用分号,不在第一层的并列分句之间误用分号,应该用句号断开的两个独立的句子误用分号;(5)有疑问词但并非疑问句误用问号;(6)有惊叹词但并非惊叹句误用叹号;(7)整句引文误将句号置于引号外,非整句引文误将句号置于引号内。(8)表示约数的两个数字误用阿拉伯数字或两个汉字数字之间误用顿号。

6.6 量和单位使用差错。除古籍和文学读物外,所有出版物特别是教科书和科技图书,在使用量和单位的名称、符号、书写规则时,都应符合国家技术监督局1993年发布的国家标准《量和单位》(GB 3100~3102—1993)的规定。常见的量和单位使用错误有:(1)量名称不规范;(2)量符号不规范;(3)单位名称书写错误;(4)单位中文符号的书写和使用不准确;(5)单位国际符号书写和使用错误;(6)SI词头符号的书写和使用不正确;(7)组合单位中文符号和国际符号混合构成的错误;(8)使用非法定单位或已废弃的单位名称;(9)图表中在特定单位表示量的数值时未采用标准化表示方式;(10)数理公式和数学符号的书写或使用不正确。

6.7 版面格式错误。常见的版面格式错误有:(1)规格体例不统一;(2)相关项目不一致;(3)文图、文表不衔接,不配套;(4)各种附件与正文排版格式不规范。

6.8 事实性错误。常见的错误有:事实有误;年代有误;数据有误。

6.9 知识性错误。要注意防范一般知识性错误,更要特别注意防范伪科学和反科学。

6.10 政治性错误。要注意防范政治立场、政治观点、政治倾向错误以及导向性、政策性错误。

## 7 校对管理

7.1 校对人才培养。校对是出版行业里的特殊专业,需要具备特殊素质的特殊人才。现代校对人才必须具备如下基本素质:(1)熟悉语言文字的各种规范,掌握语言文字的出错规律,对语言文字使用错误有较强的辨识力;(2)通晓图书版面格式知识,能敏锐地发现版面格式错误;(3)熟练地掌握各种校对方法,并且善于综合运用;(4)具备比较广博的知识积累,不同学科图书的校对人才还必须掌握相关学科的基本知识;(5)能够熟练地使用工具书;(6)具备良好的心理素质,耐得寂寞,注意集中,自觉地控制情绪,保持良好的心态。

应当提高专职校对员从业准入学历,从事校对职业的学历为大学本科。对校对人员应进行系统的岗位培训,坚持持证上岗制度。按照终身教育的要求,对校对从业人员实行定期轮训的制度。校对专业技术职务,应纳入编辑系列,注重培养副编审、编审级的高级校对人才。

7.2 人本化管理。管理者要以人为本,尊重人才,善待人才,满足校对人员的精神需求,提高他们的思想、道德、文化和业务素质,培养社会责任意识,激发积极性、主动性和创造性。要营造人与人之间沟通、和谐、合作的氛围,使管理成为一种文化、一种凝合剂、一种驱动力。校对工作适合量化管理,不但工作任务可以量化,工作质量也可以量化。但是,在实施量化管理时,要同时建立激励机制,在校对功能向"校是非"为主转移的当代,单纯的量化奖惩的作用是有限的。校是非是一种心理过程,不仅是个人文化和技能功底的展现,还是个人职业道德和心理素质的展现。校对管理要培养人的职业志趣,激发人的成就感,为人的自我发展,为高级校对人才的成长创造条件。

7.3 量化管理。包括校对任务量化和校对质量量化两个方面。

校对任务量化管理,通称定额管理,即给校对人员规定校对工作量定额。校对工作量定额以字数为单位,日定额即每人一个工作日应当完成的校对字数,月定额即每人一个月实际工作日内应当完成的校对字数。当月月定额与实际完成校对字数之差,即当月的超额或缺额。超额部分按超额劳动另付报酬。缺额部分应在下月补齐。校对工作是脑体并用的劳动,过度的身心疲劳会影响校对质量,因此,非特殊情况不宜加班加点校对,平时也应对超额劳动进行必要的限制。按照平均先进的原则,一个工作日的校对定额以 20 000 字为宜,每月按 20 个工作日计算,月定额以 400 000 字为宜。这个定额是一般标准,不同类型的书稿,校对定额应当有所差别,这个差别可用系数方法求出,增减幅度以日定额最低 15 000 字、最高 25 000 字为宜。核红、过红与文字技术整理的工作量可折算校对字数。二校、三校前的核红、过红与文字技术整理,均按校样总字数的 20% 折算工作量。机校及其整理工作,按校样总字数的 30% 折算工作量。样书检查按图书总字数的 30% 折算工作量。

质量量化管理,即将校对质量进行量化,对不同校次规定"灭错率"或"留错率"。灭错率按百分比计算,即以差错总数为分母,以发现并改正的差错为分子,乘以 100,得出百分比。留错率即漏改的差错占校对总字数的比率,按万分比计算,以校对总字数为分母,以校后遗留差错为分子,乘以 10 000,得出万分比。通常要求:一校灭错率为 75%;二校灭错率为一校留错的 75%;三校原则上要消灭全部残存差错,最低标准为留错率不超过 1/10 000,超过此限的为不合格。

在实施校对管理时,既要计算校对完成量(定额),又要检查校对质量指标。如果质量没有达到规定的量化指标,就应扣减相应校对完成字数作为惩罚;如果校对质量高于规定的量化指标,则应增加相应校对完成字数作为奖励。校对人员发现了原稿的错误,应视错误的性质给予物质奖励。校对字数计算方法,依据《图书质量管理规定》的附件《图书编校质量差错率的计算方法》的相关规定。

7.4 校对档案管理。校对的档案是出版档案的组成部分,一种图书的校对工作完成之后,应将校对档案及时整理归档。校对档案的内容包括:(1)校对登记表;(2)校对质疑表;(3)样书质量检查记录;(4)重印书质量检查记录;(5)送审图书质量检查记录。

7.5 外校管理。外校即由社外人员承担部分校对任务。在社内专职校对人员不足的情况下,适当使用社外校对力量,作为社内校对力量的补充,实践证明是可行的。但是,外校活动在社外循环,如果放任自流,质量是毫无保证的。所以,必须加强外校管理,将社外校对活动置于统一的、有效的监控之下。外校管理的主要内容如下:(1)严格考核选用合适人才,建立素质较高、适合本社出书学科门类需要、相对稳定的社外校对队伍;(2)对社外校对人员定期进行业务培训和业务考核,不适合继续做校对工作的要及时淘汰;(3)外校人员一般只能承担一校、二校,只有少数退休的专业校对人员,或经过考核确能胜任者,方可委以三校;(4)由专业校对机构统一组织外校,统一实施外校全程监控;(5)外校管理也应以人为本,尊重外校人员,激发他们的积极性、主动性和创造性;(6)实行计件付酬和质量量化检查相结合的管理制度,外校按千字为单位计酬,报酬应根据书稿类型及校对难易度而定,一般每千字校对报酬 1~5 元。没有达到质量指标者扣减相应计件报酬,校对质量高于规定指标,或排除了重大错误,应当提高报酬标准,或给予物质奖励。

# 附录二　图书质量管理规定

中华人民共和国新闻出版总署

第一条　为建立健全图书质量管理机制,规范图书出版秩序,促进图书出版业的繁荣和发展,保护消费者的合法权益,根据《中华人民共和国产品质量法》和国务院《出版管理条例》,制定本规定。

第二条　本规定适用于依法设立的图书出版单位出版的图书的质量管理。

出版时间超过 10 年且无再版或者重印的图书,不适用本规定。

第三条　图书质量包括内容、编校、设计、印制 4 项,分为合格、不合格 2 个等级。

内容、编校、设计、印制 4 项均合格的图书,其质量属合格。内容、编校、设计、印制 4 项中有 1 项不合格的图书,其质量属不合格。

第四条　符合《出版管理条例》第二十六、二十七条规定的图书,其内容质量属合格。

不符合《出版管理条例》第二十六、二十七条规定的图书,其内容质量属不合格。

第五条　差错率不超过 1/10 000 的图书,其编校质量属合格。

差错率超过 1/10 000 的图书,其编校质量属不合格。

图书编校质量差错的判定以国家正式颁布的法律法规、国家标准和相关行业制定的行业标准为依据。图书编校质量差错率的计算按照本规定附件《图书编校质量差错率计算方法》执行。

第六条　图书的整体设计和封面(包括封一、封二、封三、封底、勒口、护封、封套、书脊)、扉页、插图等设计均符合国家有关技术标准和规定,其设计质量属合格。

图书的整体设计和封面(包括封一、封二、封三、封底、勒口、护封、封套、书脊)、扉页、插图等设计中有 1 项不符合国家有关技术标准和规定的,其设计质量属不合格。

第七条　符合中华人民共和国出版行业标准《印刷产品质量评价和分等导

则》(CY/T2—1999)规定的图书,其印制质量属合格。

不符合中华人民共和国出版行业标准《印刷产品质量评价和分等导则》(CY/T2—1999)规定的图书,其印制质量属不合格。

第八条　新闻出版总署负责全国图书质量管理工作,依照本规定实施图书质量检查,并向社会及时公布检查结果。

第九条　各省、自治区、直辖市新闻出版行政部门负责本行政区域内的图书质量管理工作,依照本规定实施图书质量检查,并向社会及时公布检查结果。

第十条　图书出版单位的主办单位和主管机关应当履行其主办、主管职能,尽其责任,协助新闻出版行政部门实施图书质量管理,对不合格图书提出处理意见。

第十一条　图书出版单位应当设立图书质量管理机构,制定图书质量管理制度,保证图书质量合格。

第十二条　新闻出版行政部门对图书质量实施的检查包括:图书的正文、封面(包括封一、封二、封三、封底、勒口、护封、封套、书脊)、扉页、版权页、前言(或序)、后记(或跋)、目录、插图及其文字说明等。正文部分的抽查必须内容(或页码)连续且不少于10万字,全书字数不足10万字的必须检查全书。

第十三条　新闻出版行政部门实施图书质量检查,须将审读记录和检查结果书面通知出版单位。出版单位如有异议,可以在接到通知后15日内提出申辩意见,请求复检。对复检结论仍有异议的,可以向上一级新闻出版行政部门请求裁定。

第十四条　对在图书质量检查中被认定为成绩突出的出版单位和个人,新闻出版行政部门给予表扬或者奖励。

第十五条　对图书内容违反《出版管理条例》第二十六、二十七条规定的,根据《出版管理条例》第五十六条实施处罚。

第十六条　对出版编校质量不合格图书的出版单位,由省级以上新闻出版行政部门予以警告,可以根据情节并处3万元以下罚款。

第十七条　经检查属编校质量不合格的图书,差错率在1/10 000以上5/10 000以下的,出版单位必须自检查结果公布之日起30天内全部收回,改正重印后可以继续发行;差错率在5/10 000以上的,出版单位必须自检查结果公布之日起30天内全部收回。

出版单位违反本规定继续发行编校质量不合格图书的,由省级以上新闻出版行政部门按照《中华人民共和国产品质量法》第五十条的规定处理。

第十八条　对于印制质量不合格的图书,出版单位必须及时予以收回、调换。

出版单位违反本规定继续发行印制质量不合格图书的,由省级以上新闻出版行政部门按照《中华人民共和国产品质量法》第五十条的规定处理。

第十九条　1 年内造成 3 种以上图书不合格或者连续 2 年造成图书不合格的直接责任者,由省、自治区、直辖市新闻出版行政部门注销其出版专业技术人员职业资格,3 年之内不得从事出版编辑工作。

第二十条　本规定自 2005 年 3 月 1 日起实施。新闻出版署于 1997 年 3 月 3 日公布的《图书质量管理规定》同时停止执行。

# 附录三　图书编校质量差错率
# 计算方法

2005 年 3 月 1 日起施行

**一、图书编校差错率**

图书编校差错率,是指一本图书的编校差错数占全书总字数的比率,用万分比表示。实际鉴定时,可以依据抽查结果对全书进行认定。如检查的总字数为 10 万,检查后发现两个差错,则其差错率为 0.2/10 000。

**二、图书总字数的计算方法**

图书总字数的计算方法,一律以该书的版面字数为准,即:总字数＝每行字数×每面行数×总面数。

1.除环衬等空白面不计字数外,凡连续编排页码的正文、目录、辅文等,不论是否排字,均按一面满版计算字数,分栏排版的图书,各栏之间的空白也计算版面字数。

2.书眉(或中缝)和单排的页码、边码作为行数或每行字数计入正文,一并计算字数。

3.索引、附录等字号有变化时,分别按实际版面计算字数。

4.用小号字排版的脚注文字超过 5 行不足 10 行的,该面按正文满版字数加 15%计算;超过 10 行的,该面按注文满版计算字数。用小号字排版的夹注文字,可采用折合行数的方法,比照脚注文字进行计算。

5.封一、封二、封三、封底、护封、封套、扉页,除空白面不计以外,每面按正文满版字数的 50%计算;版权页、书脊、有文字的勒口,各按正文的一面满版计算。

6.正文中的插图、表格,按正文的版面字数计算;插图占一面的,按正文满版字数的 20%计算字数。

7.以图片为主的图书,有文字说明的版面,按满版字数的 50%计算;没有文字说明的版面,按版面字数的 20%计算。

8.乐谱类图书、地图类图书,按满版字数全额计算。

9.外文图书、少数民族文字图书,拼音图书的拼音部分,以对应字号的中文满版字数加 30%计算。

**三、图书编校差错的计算方法**

1.文字差错的计算标准

(1)封底、勒口、版权页、正文、目录、出版说明(或凡例)、前言(或序)、后记(或跋)、注释、索引、图表、附录、参考文献等中的一般性错字、别字、多字、漏字、倒字,每处计 1 个差错。前后颠倒字,可以用一个校对符号改正的,每处计 1 个差错;书眉(或中缝)中的差错,每处计 1 个差错,同样性质的差错重复出现,全书按一面差错基数加 1 倍计算。阿拉伯数字、罗马数字差错,无论几位数,都计 1 个差错。

(2)同一错字重复出现,每面计 1 个差错,全书最多计 4 个差错;每处多、漏 2~5 个字,计 2 个差错,5 个字以上计 4 个差错。

(3)封一、扉页上的文字差错,每处计 2 个差错;相关文字不一致,有一项计 1 个差错。

(4)知识性、逻辑性、语法性差错,每处计 2 个差错。

(5)外文、少数民族文字、国际音标,以一个单词为单位,无论其中几处有错,计 1 个差错。汉语拼音不符合《汉语拼音方案》和《汉语拼音正词法基本规则》(GB/T 16159—1996)规定的,以一个对应的汉字或词组为单位,计 1 个差错。

(6)字母大小写和正斜体、黑白体误用,不同文种字母混用的(如把英文字母 N 错写为俄文字母 И),字母与其他符号混用的(如把汉字的〇错写为英文字母 O),每处计 0.5 个差错;同一差错在全书超过 3 处,计1.5 个差错。

(7)简化字、繁体字混用,每处计 0.5 个差错,同一差错在全书超过 3 处,计1.5 个差错。

(8)工具书中的科技条目、科技类教材、学习辅导书和其他科技图书,使用计量单位不符合国家标准《量和单位》(GB 3100~3102—1993)的中文名称的 、使用科技术语不符合全国科学技术名词审定委员会公布的规范词的,每处计 1 个差错;同一差错多次出现,每面只计 1 个差错,同一错误全书最多计 3 个差错。

(9)阿拉伯数字与汉语数字用法不符合《出版物上数字用法的规定》(GB/T 15835—1995)的,每处计 0.1 个差错。全书最多计 1 个差错。

2.标点符号和其他符号差错的计算标准

(1)标点符号的一般错用、漏用、多用,每处计 0.1 个差错。

(2)小数点误为中圆点,或中圆点误为小数点的,以及冒号误为比例号,或比例号误为冒号的,每处计 0.1 个差错;专名线、着重点的错位、多、漏,每处计 0.1 个差错。

(3)破折号误为一字线、半字线,每处计 0.1 个差错;标点符号误在行首、行末的，每处计 0.1 个差错。

（4）外文复合词、外文单词按音节转行，漏排连接号的，每处计 0.1 个差错；同样差错在每面超过 3 个，计 0.3 个差错，全书最多计 1 个差错。

（5）法定计量单位符号、科学技术各学科中的科学符号、乐谱符号等差错，每处计 0.5 个差错；同样差错同一面内不重复计算，全书最多计 1.5 个差错。

（6）图序、表序、公式序等标注差错，每处计 0.1 个差错，全书超过 3 处，计 1 个差错。

3.格式差错的计算标准

（1）影响文意、不合版式要求的另页、另面、另段、另行、接排、空行，需要空行、空格而未空的，每处计 0.1 个差错。

（2）字体错、字号错或字体、字号同时错，每处计 0.1 个差错；同一面内不重复计算，全书最多计 1 个差错。

（3）同一面上几个同级标题的位置、转行格式不统一且影响理解的，计 0.1 个差错；需要空格而未空格的，每处计 0.1 个差错。

（4）阿拉伯数字、外文缩写词转行的，外文单词未按音节转行的，每处计 0.1 个差错。

（5）图、表的位置错，每次计 1 个差错，图、表的内容与说明文字不符，每处计 2 个差错。

（6）书眉单双页位置互错，每处计 0.1 个差错，全书最多计 1 个差错。

（7）正文注码与注文注码不符，每处计 0.1 个差错。

# 附录四　校对符号及其用法

（GB/T 14706—1993,国家技术监督局 1993 年 11 月 16 日批准,
1994 年 7 月 1 日起实施）

1　主要内容与适用范围
　　本标准规定了校对各种排版校样的专用符号及其用法。
　　本标准适用于中文(包括少数民族文字)各类校样的校对工作。
2　引用标准
　　GB 9851　印刷技术术语
3　术语
　　校对符号 proofreader's mark
　　以特定图形为主要特征的、表达校对要求的符号。
4　校对符号及用法示例

**本标准规定的符号及用法，适用于出版印刷业中文(包括各少数民族文字)各类校样的校对工作**

| 编号 | 符号形态 | 符号作用 | 符号在文中和页边用法示例 | 说　明 |
|---|---|---|---|---|
| 一、字符的改动 | | | | |
| 1 | | 改正 | 提高出版物质量。　提<br>改革开畹　放 | 改正的字符较多，圈起来有困难时，可用线在页边画清改正的范围<br>必须更换的损、坏、污字也用改正符号画出 |
| 2 | | 删除 | 提高出版物物质质量。 | |
| 3 | | 增补 | 要搞好校工作　对 | 增补的字符较多，圈起来有困难时，可用线在页边画清增补的范围 |
| 4 | | 改正上下角 | 16=4Ø  2<br>$H_2SO_4$  4<br>尼古拉费欣<br>0.25+0.25=0.5<br>举例 2×3=6<br>X:Y=1:2 | |

续表

| 编号 | 符号形态 | 符号作用 | 符号在文中和页边用法示例 | 说 明 |
|---|---|---|---|---|
| 二、字符方向位置的移动 | | | | |
| 5 | | 转 正 | 字符颠逦要转正 | |
| 6 | | 对 调 | 认真经验总结。<br>认真验结经总。 | 用于相邻的字词<br>用于隔开的字词 |
| 7 | | 接 排 | 要重视校对工作，<br>提高出版物质量。 | |
| 8 | | 另起段 | 完成了任务。明年…… | |
| 9 | | 转 移 | 校对工作，提高出<br>版物质量要重视。<br><br>"以上引文均见中文新版《<br>列宁全集》。<br><br>编者 年 月<br>……<br>各位编委： | 用于行间附近的转移<br><br>用于相邻行首末衔接字符的转移<br><br>用于相邻页首末衔接行段的转移 |
| 10 | 或 | 上下移 | 见下方小表 | 字符上移到缺口左右水平线处<br><br>字符下移到箭头所指的短线处 |

| 序号 | 名 称 | 数量 |
|---|---|---|
| 01 | 显微镜 | 2 |

续表

| 编号 | 符号形态 | 符号作用 | 符号在文中页边用法示例 | 说 明 |
|---|---|---|---|---|
| 11 | 或 | 左右移 | ⊢——要重视校对工作，提高出版物质量。<br><br>3 4 5,6 5<br>欢呼 飘唱 | 字符左移到箭头所指的短线处<br><br>字符左移到缺口上下垂直线处<br><br>符号画得太小时，要在页边重标 |
| 12 | | 排 齐 | 校对工作非常重要。<br><br>必须提高印刷质量，缩短印刷周期。 国家标准 | |
| 13 | | 排阶梯形 | RH₂ | |
| 14 | | 正 图 | | 符号横线表示水平位置，竖线表示垂直位置，箭头表示上方 |

### 三、字符间空距的改动

| 15 | ∨ ＞ | 加大空距 | ⊢ 一、校对程序 ⊣ ∨<br><br>＞ 校对胶印读物、影印书刊的注意事项： ＞ | 表示在一定范围内适当加大空距<br><br>横式文字画在字头和行头之间 |

续表

| 编号 | 符号形态 | 符号作用 | 符号在文中和页边用法示例 | 说　明 |
|---|---|---|---|---|
| 16 | ∧ < | 减小空距 | 二、校对程∧序　　　　∧<br><br>校对胶印读物、景印书刊的注意事项：< | 表示不空或在一定范围内适当减小空距<br><br>横式文字画在字头和行头之间 |
| 17 | ♯ ♯ ♯ ♯ | 空1字距<br>空1/2字距<br>空1/3字距<br>空1/4字距 | 第一章校对职责和方法<br><br>1.责任校对 | 多个空距相同的，可用引线连出，只标示一个符号 |
| 18 | Ⴤ | 分开 | Goodmorning　　　　Ⴤ | 用于外文 |

四、其　他

| 编号 | 符号形态 | 符号作用 | 符号在文中和页边用法示例 | 说　明 |
|---|---|---|---|---|
| 19 | △ | 保留 | 认真搞好校对工作。 | 除在原删除的字符下画△外，并在原删除符号上画两竖线 |
| 20 | ○ = | 代　替 | 色的程度不同，从淡色到深色具有多种层次，如天色、湖色、海色、宝色……<br><br>○＝蓝 | 同页内有两个或多个相同的字符需要改正的，可用符号代替，在页边注明 |
| 21 | ○○○ | 说　明 | 改黑体<br>第一章 校对的职责 | 说明或指令性文字不要圈起来，在其字下画圈，表示不作为改正的文字。如说明文字较多时，可在首末各三字下画圈 |

5 使用要求

5.1 校对校样,必须用色笔(墨水笔、圆珠笔等)书写校对符号和示意改正的字符,但是不能用灰色铅笔书写。

5.2 校样上改正的字符要书写清楚。校改外文,要用印刷体。

5.3 校样中的校对引线要从行间画出。墨色相同的校对引线不可交叉。

注:本标准由人民出版社负责起草

## 附 录 A
## 校对符号应用实例
### (参考件)

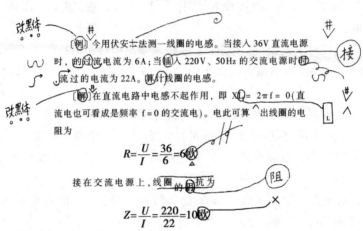

# 参考文献

[1] 周奇,杜维东. 现代书刊校对技能手册[M]. 北京：中国标准出版社,2011.

[2] 谈大勇. 现代校对实务与技能[M]. 北京：印刷工业出版社,2010.

[3] 于光宗. 排版与校对规范[M]. 北京：印刷工业出版社,2009.

[4] 周奇,杜维东. 现代新闻出版编校实用手册[M]. 苏州：苏州大学出版社,2008.

[5] 王育济,周晓瑜. 当代校对实用教程[M]. 北京：中国书籍出版社,2007.

[6] 杜维东,陈瑗,杜悦. 现代校对实用手册[M]. 2版. 北京：印刷工业出版社,2007.

[7] 周奇. 现代校对学概论[M]. 苏州：苏州大学出版社,2005.

[8] 黎洪波,利来友. 图书编辑校对实用手册[M]. 4版. 桂林：广西师范大学出版社,2016.

[9] 周麒. 出版校对培训教程[M]. 北京：商务印书馆,2005.

[10] 徐令德,张云峰. 排版基础知识[M]. 2版. 北京：印刷工业出版社,2005.

[11] 中国编辑学会,全国出版专业职业资格考试办公室. 出版专业基础-中级[M]. 上海：上海辞书出版社,2007.

[12] 中国编辑学会,全国出版专业职业资格考试办公室. 出版专业实务-中级：2007年版[M]. 上海：上海辞书出版社,2007.

[13] 陈丽菲,王月琴,王秋林. 现代图书编辑实务教程[M]. 苏州：苏州大学出版社,2007.